AVIS.

Cet ouvrage a été accueilli favorablement par les amis de la morale religieuse et de la vraie liberté, des Colonies et des esclaves. Dans la dernière session, les Chambres en ont fait mention honorable dans leurs procès-verbaux, et ordonné le dépôt en leur bibliothèque. Les témoignages de satisfaction que l'auteur a reçus spécialement du Ministre de la Marine et du Président du Conseil des délégués de nos Colonies, prouvent assez qu'il a traité avec vérité et avec justice l'importante question de l'*affranchissement*, de la solution de laquelle dépendent le sort des esclaves et tout l'avenir de nos possessions d'outre-mer, autrefois si florissantes.

LIBERTÉ ET TRAVAIL.

IMPRIMERIE DE E.-J. BAILLY,
Place Sorbonne, 2.

LIBERTÉ ET TRAVAIL,

OU

MOYENS D'ABOLIR L'ESCLAVAGE

SANS ABOLIR LE TRAVAIL;

Avec des réflexions sur les suites déplorables d'un Affranchissement GÉNÉRAL et IMMÉDIAT, sur l'Affranchissement PROGRESSIF, sur le système de LIBERTÉ dans les colonies anglaises, sur la Proposition de M. Passy concernant l'affranchissement des enfans à naître dans les colonies françaises, et sur les moyens de procurer à la JEUNESSE ESCLAVE un affranchissement avantageux aux noirs, aux colonies et à la société;

A MESSIEURS

Les Membres des deux Chambres;

PAR M. L'ABBÉ J. HARDY,
DIRECTEUR DU SÉMINAIRE DU SAINT-ESPRIT.

Hâtons-nous de préparer par la religion et la civilisation les Esclaves, nos FRÈRES, au bienfait de la liberté et au bonheur de la société.

Paris,

DENTU, Palais-Royal, Galerie vitrée.

GAUME, Rue du Pot-de-Fer-St-Sulpice, 5.

DEBÉCOURT, Rue des Saints-Pères, 69.

ADRIEN LECLÈRE, Quai des Augustins, 35.

1838

A Messieurs
les Membres des deux Chambres.

MESSIEURS,

L'Humanité, la Religion et la Justice élèvent leurs voix puissantes et solennelles en faveur de plus de deux cent cinquante mille individus qui vivent dans l'esclavage, et en faveur de nos possessions d'outre-mer. Elles demandent que le bonheur des uns et la prospérité des autres ne soient plus mis en problème : elles demandent pour l'esclave une LIBERTÉ qui devienne pour lui un bienfait réel, pour les colonies une garantie de sécurité et de prospérité, et qui soit utile à la société : car une liberté qui ne serait point dans l'intérêt tout à la fois de l'esclave, des colonies et de la sociéténe serait fondée ni sur l'humanité, ni sur la justice.

C'est à vous, Messieurs, qu'elles s'adressent. Mandataires d'un grand peuple, Législateurs d'une nation si célèbre dans les annales du monde, vous êtes appelés à remplir la mission la plus noble, la plus sublime, celle d'améliorer le sort d'un peuple d'esclaves en donnant une garantie de sécurité et de prospérité à nos belles possessions d'outre-mer dont les richesses contribuent au bien-être de la métropole.

Remplacez, Messieurs, les chaînes de l'esclavage par le bienfait si désirable d'une LIBERTÉ FRANCHE, ENTIÈRE et PUISSANTE, par les avantages immenses d'une VRAIE CIVILISATION, et vous aurez fait à la vue du monde entier l'acte le plus solennel d'humanité et de justice; et vous aurez rempli avec autant de bonheur que de gloire la mission la plus sublime, mission bien digne de vous.

Mais pour réussir, Messieurs, le premier et le plus grand des moyens, c'est une instruction pure, fondée sur les principes éternels de la vérité, de l'ordre et de la justice, qui, éclairant l'esclave sur ses devoirs, le prépare à la liberté et le rende digne de ce grand bienfait par la pratique des vertus sociales et chrétiennes; en un mot, une instruction essentiellement RELIGIEUSE et MORALE. D'une telle instruction, Messieurs, découlent nécessairement les principes d'humanité, de justice, d'ordre et de paix qui font le bonheur des particuliers et celui de la société.

L'ÉVANGILE et l'AUTEL, Messieurs, ont civilisé et rendu heureuses les nations : procurez aux esclaves ces grands moyens de civilisation et de bonheur, et, à jamais, sera résolu l'important problème : VOUS AUREZ ABOLI L'ESCLAVAGE SANS ABOLIR LE TRAVAIL.

Et en effet, Messieurs, dans l'INSTRUCTION RELIGIEUSE et MORALE, et dans l'exercice du CULTE CATHOLIQUE vous trouverez non seulement les bases d'un édifice colossal de liberté, mais encore les moyens de le rendre immortel; vous y trouverez aussi les élémens et les gages du bonheur des peuples, l'AMOUR d'une liberté vraie, puissante, bienfaisante, et le GOUT du travail.

Désirant sincèrement le bonheur des esclaves et la prospérité de nos colonies, je viens, Messieurs, soumettre à votre haute sagesse des réflexions sur les MOYENS D'ABOLIR L'ESCLAVAGE SANS ABOLIR LE TRAVAIL.

Puissent mes vœux et ce faible travail que j'ai l'honneur

de vous offrir, Messieurs, aider au succès d'une œuvre qui intéresse vivement les amis de la vraie liberté, et que réclament l'humanité, la religion et la justice.

J'ai l'honneur d'être, avec respect,

MESSIEURS,

Votre très humble et obéissant serviteur,

J. HARDY,
Directeur du Séminaire du Saint-Esprit.

AVANT-PROPOS.

Que l'abolition de l'esclavage soit pour la population noire un bienfait réel, pour nos colonies une garantie de sécurité et de prospérité et un avantage pour la société; tel est le vœu de tous les vrais amis de l'humanité et de la liberté ; de ceux qui , ne se laissant point dominer par les sentimens d'une philantropie aveugle et impuissante, veulent sincèrement le bien de tous.

Ministre d'une religion dont le but immédiat est d'affranchir les hommes, de les rendre essentiellement libres et heureux, notre devise est : *Plus d'esclavage !...* Mais si pour réaliser ce désir nous proclamions une liberté *prématurée*, qui, ne pouvant contribuer au bonheur de l'esclave, trahirait les intérêts du maître, nous-mêmes nous trahirions notre ministère, qui est un ministère tout de paix, tout de justice. Ne vaudrait-il pas mieux que les noirs fussent heureux dans l'esclavage, que libres, en proie aux horreurs d'une affreuse indigence, et n'ayant pour avenir qu'un horrible désespoir ?

Voulant de toute notre âme que les esclaves, nos frères, soient heureux, que nos colonies deviennent prospères, que le *grand problème* qui aujourd'hui préoccupe les esprits et agite les passions soit résolu selon les lois de l'humanité et de la justice, nous venons réaliser notre promesse de donner *quelques réflexions sur les moyens d'abolir l'esclavage sans abolir le travail.* Dans cet ouvrage, nous développons ces moyens qui sont faciles, infaillibles, et dont l'efficacité est confirmée par l'expérience de dix-huit siècles.

Si tous ceux qui s'occupent de la question de *l'abolition de l'esclavage*, question de la plus haute importance, puisque de sa solution dépendent le bonheur ou le malheur de la population noire, population immense, la prospérité ou la ruine de nos belles et riches colonies; si, disons-nous, tous ceux qui s'occupent de cette question consultaient l'expérience du passé, s'ils s'appliquaient à connaître les moyens par lesquels les peuples ont été éclairés, civilisés; comment, surtout, on est parvenu à *abolir l'esclavage sans abolir le travail;* enfin, s'ils considéraient l'état actuel de nos colonies et les dispositions des esclaves, ils verraient avec évidence qu'une liberté *géné-*

rale et *immédiate* ne pourrait qu'entraîner ces contrées lointaines dans une ruine prochaine et causer le malheur de la population noire.

Liberté et *travail* : telle doit être la devise des hommes dévoués au bonheur des esclaves et aux intérêts de nos colonies. Toujours le travail a fait la prospérité, la gloire des nations ; et la liberté qui l'abolit, leur ruine. A ceux qui en doutent, il suffit de regarder le siècle qui est derrière eux, et, bientôt ils comprendront que là où règne la *liberté* et l'*oisiveté* règnent aussi une effroyable misère, les malheurs les plus grands, les crimes les plus atroces.

Le *travail* est le principe de vie d'un état, et toutes les fois qu'un souverain proclamera une loi tendant à en diminuer l'amour dans le cœur de ses sujets, il brisera son sceptre et portera à la société un coup mortel.

Mais pour que la liberté entretienne dans

tous l'amour du travail, il faut nécessairement que cette liberté soit *pure, puissante, bienfaisante*, fondée sur les principes éternels de la justice et de l'ordre, en un mot, sur la *religion*. Or, pour procurer aux esclaves cette liberté, si propre à rendre l'homme heureux, pour les faire jouir des avantages si grands et si multipliés d'une vraie civilisation, il suffirait de laisser à l'*instruction religieuse et morale* le soin et le temps d'éclairer leurs esprits, de vivifier leurs cœurs en les pénétrant des vérités si simples et si sublimes, si pures et si consolantes d'une religion toute de charité, sans laquelle point de véritable liberté à espérer, point de vraie civilisation possible.

Instruit par la religion, l'esclave, pénétré d'amour et de reconnaissance, rendrait à Dieu le culte sacré qui lui est dû, s'acquitterait avec autant de zèle que de fidélité de ses obligations envers son maître, de tous ses devoirs envers lui-même et envers ses semblables qu'il aimerait comme ses frères ; enfin, l'esclave instruit par la religion, serait digne de la liberté et capable de jouir de tous les bienfaits de la civilisation.

Quoique nous désirions ardemment de voir les esclaves, nos frères, *libres*, nous ne pouvons cependant partager le sentiment de ceux qui croient qu'en les affranchissant sans les avoir préparés à ce bienfait, ce serait un moyen sûr de les rendre plus dignes de la liberté et plus capables de civilisation ; avant tout, disent-ils, la *liberté*. Ceux, au contraire, qui ont étudié le cœur de l'esclave, et qui connaissent les passions qui l'animent, regardent ce système comme un moyen infaillible de les rendre pour toujours indignes de la liberté et incapables de civilisation.

Le gouvernement de la Grande-Bretagne a déclaré libres les masses esclaves de ses colonies, avant de les avoir suffisament préparées à ce bienfait; jetez donc les yeux sur les colonies anglaises, considérez ce qui s'y passe et, hardiment, prophétisez ce qui arrivera en 1840.

I

Instruction.

> C'est avec la religion, et non avec des principes abstraits de philosophie, qu'on civilise les hommes et qu'on fonde les empires.
>
> *(Génie du Christianisme.)*

CHAPITRE PREMIER.

C'est par l'Instruction religieuse et morale que le Christianisme a détruit l'Esclavage, civilisé les peuples, et inspiré à tous l'amour du travail.

Enveloppées des épaisses ténèbres de l'ignorance et de la superstition, prosternées devant de vaines idoles, les nations, pour la plupart, gémissaient dans l'esclavage, lorsque, comme un astre lumineux et bienfaisant, la religion de *Jésus* s'éleva *progressivement* de l'Orient sur le monde. Elle est cet astre divin qui a lui pour la liberté, la consolation et le bonheur des peuples, dont la lumière ineffable éclaire l'esprit et dont la chaleur vivifiante anime le cœur de l'homme.

Mais *Jésus,* dont la parole toute puissante devait renverser les idoles qu'adoraient les mortels abusés, confondre l'orgueil de la philosophie et détruire le pouvoir des dieux du paganisme, n'a pas dit à ses disciples, qu'il envoya pour convertir l'univers : *Allez, brisez les fers des esclaves...* mais il leur a dit : *Allez, instruisez toutes les nations* (1).

Jésus, ce législateur-Dieu, descendu des cieux pour rompre les chaînes de l'esclavage, civiliser les peuples, apprendre à tous la vraie liberté et le vrai bonheur; en un mot, pour consoler et relever l'humanité souffrante et dégradée, a atteint ce but si noble, tout divin, en instruisant les hommes, et ce moyen fut celui qu'il donna à ses disciples, qui devaient régénérer le monde. *Allez,* leur dit-il, *instruisez les nations. Apprenez à tous la morale que je vous ai enseignée* (2). L'instruction religieuse et morale est donc un moyen infaillible de vraie liberté, de

(1) Docete omnes gentes. S. Matth., 28, ℣ 19.

(2) Docentes eos servare omnia quæcumque mandavi vobis. S. Matth., *id.*, ℣ 20.

civilisation, de paix, de prospérité pour les peuples. En effet, établissant d'une manière stable les principes de la religion parmi les hommes, elle ranime dans tous l'amour du travail, bannit l'oisiveté, flétrit le vice, fait fleurir les vertus : conséquemment elle répand partout l'abondance et le bonheur. Aussi le but immédiat de l'instruction religieuse et morale est-il le bonheur réel des particuliers et celui de la société tout entière.

Les disciples de l'homme-Dieu se partagent le monde. Bientôt, au milieu des peuples qui, dominés par les passions les plus hideuses, commettaient le crime aux pieds même des divinités odieuses qu'ils adoraient, parurent ces hommes sublimes de zèle et de charité, vraiment suscités du ciel pour consoler leurs semblables, briser les fers des esclaves et les rendre heureux par le travail.

Rome, la maîtresse des nations, le sanctuaire des faux dieux, le siége des Césars; Rome, si fameuse par son luxe, sa mollesse, ses mystères impurs; Rome, si fière de l'esclavage des peuples nombreux asservis à ses lois, a vu se briser, malgré la *toute-puissance* de ses dieux et le *glaive* des Césars, les chaînes de ces mêmes peuples, qui, bénissant la religion du Christ, célébrèrent avec transport l'heureux jour de leur délivrance. A mesure que l'instruction religieuse et morale se répand parmi les classes de la société, les temples des faux dieux sont détruits, leurs autels renversés, leur culte aboli et ces dieux eux-mêmes pulvérisés. L'aigle romaine tombe du Capitole ; on y arbore l'étendard sacré de la vraie liberté et de la civilisation, *la croix !*.. Teinte du sang de l'homme-Dieu et comme dans l'opprobre, du Calvaire elle dominait la Judée ; et aujourd'hui, victorieuse de la superstition et de la philosophie, du Capitole elle domine le monde.

Les idoles sans hommages, et les restes des temples du paganisme qu'on admire encore dans Rome, devenue la ville éternelle, attestent depuis dix-huit siècles le pouvoir et l'efficacité de l'instruction religieuse et morale sur le bonheur des peuples. Sans cette instruction salutaire et divine, Rome ne serait-elle pas encore païenne ? Des milliers d'esclaves ne gémiraient-ils pas encore sous le poids de leurs chaînes ? Et la croix eût-elle jamais brisé l'empire de la superstition et de l'impiété ?

C'est donc l'instruction religieuse et morale qui, en abolissant l'esclavage, a procuré à tous les avantages immenses d'une vraie liberté.... Mais cette liberté n'a-t-elle pas banni l'oisiveté et inspiré à tous l'amour du travail ? Cette liberté n'a-t-elle pas été un bienfait réel pour les individus et pour la société? Qu'on se rappelle ces temps heureux où des milliers de chrétiens ne formaient qu'une seule et même famille; *ils n'avaient tous qu'un cœur et qu'une âme* (1). Alors, quelle charité! quel dévoûment! quelle ardeur pour le travail!

Les Egyptiens, les Grecs, les Tyriens, les Carthaginois, les Phrygiens, les Gaulois, les Germains, les Tartares; en un mot, les nations les plus nombreuses et les plus florissantes n'ont-elles pas reçu avec l'instruction religieuse et morale la vraie lumière, la vraie liberté, le vrai bonheur? Consultez les annales de l'histoire de ces peuples qui, livrés pendant des siècles à la superstition, à la dissolution, éteignaient dans des flots de sang de leurs concitoyens des haines toujours renaissantes, et vous serez convaincus qu'ils durent à l'instruction religieuse et morale le goût et la pratique des vertus sociales et chrétiennes.

Le feu sacré de la charité dans le cœur, la parole puissante de la vérité à la bouche et la croix à la main, les prédicateurs de la religion de *Jésus*, ou plutôt les régénérateurs de l'humanité, pénétrèrent dans les régions du Nouveau-

(1) Act. apost., c. IV, ℣ 32.

Monde les plus lointaines, pour conquérir, par l'instruction, les nations à la vraie liberté; car ce n'est qu'à l'époque de leur instruction que les peuples commencèrent à jouir des avantages de la civilisation et à goûter le bonheur d'une liberté puissante, bienfaisante. Soutenus, fortifiés par un motif que n'inspire point la philosophie, mais Dieu; animés d'une espérance qui vit au delà du tombeau, ces hommes apostoliques s'enfoncèrent dans les forêts sombres et immenses du Nouveau-Monde. Ah! avec quel courage, avec quelle ardeur ils cherchent des hommes féroces!... Tressaillant de joie et de bonheur, ils courent au devant d'eux; pleins de douceur et de confiance, ils abordent ces hommes sauvages, leur montrent la croix et les cieux. La sérénité sur le front et le visage animé d'une sainte allégresse, ils prodiguent à ces êtres qui se nourrissent de la chair et qui se désaltèrent avec le sang de leurs semblables, les marques de ce dévoûment, de cette charité; disons-le, de cette vraie philosophie, qui caractérisent ceux qui ont reçu la mission divine de civiliser les peuples, de les rendre heureux. Ils les instruisaient des vérités si consolantes de la religion, leur donnaient les premières notions de la sociabilité et leur inspiraient l'horreur la plus grande pour l'oisiveté, ils les formaient au travail (1). Peu à peu, ces peuples si cruels, dominés par l'influence si douce, si puissante de l'instruction religieuse et morale, ne voulurent plus manger la chair de leurs concitoyens, ni boire leur sang; ils apprirent à se vêtir, à se construire d'abord de petites cabanes, puis des maisons; ils se livrèrent avec ardeur au travail; surtout ils s'appliquèrent à cultiver la terre.

Des lois aussi sages que salutaires, tirées de la morale de l'Evangile, ce livre sacré, tout divin, réprimaient les penchans, soumettaient les passions, les animaient à la pratique des plus belles vertus. La religion réalisait leurs espérances, comblait leurs désirs : aussi, comme ils s'aimaient d'un amour généreux et constant!... comme ils s'entr'aidaient et se secouraient mu-

(1) En 1697, les Jésuites demandèrent à entreprendre la conquête de la Californie, que l'Espagne avec ses soldats et ses ressources n'avait pu faire encore. *Ces hommes, que ne guidait point le fanatisme*, arrivent chez les peuples sauvages qu'ils veulent instruire afin de les civiliser. Ils apportent avec eux des grains pour les nourrir, des vêtemens pour les couvrir; mais persuadés qu'ils ne pourront les civiliser que par le *travail*, ces hommes extraordinaires se font charpentiers, maçons, tisserands, cultivateurs; et, en instruisant ces peuples sauvages des vérités de la religion, ils leur inspirent l'amour du travail. Voyez *Histoire philosophique et politique*, etc., tom. III, liv. VI.

tuellement !... Ils s'appelaient du doux nom de *frères !...*

L'instruction religieuse et morale a donc fait fleurir les vertus sociales et chrétiennes chez des peuples naguère sauvages et féroces ; mais qui, par la sagesse et l'équité de leurs lois, la sainteté de leurs mœurs, l'amour du travail, ne le cédèrent en rien aux autres nations... Jetons les yeux sur les siècles derniers. Dans le dix-septième, les Hurons, les Esquimaux, les Algonkins, les Miamis, les Illinois, les Iroquois eux-mêmes, si fameux par leur férocité, ils étaient anthropophages; les peuples des contrées qu'arrose le Mississipi et un grand nombre d'autres éprouvèrent les effets merveilleux de l'instruction religieuse et morale : c'est surtout au Paraguay qu'elle opéra des prodiges (1).

(1) On dévastait l'Amérique depuis un siècle, dit *Raynal*, cet ennemi frénétique de la religion et de ses ministres, lorsque les Jésuites y portèrent cette infatigable activité qui les avait si singulièrement fait remarquer dès leur origine. Ces hommes ne pouvaient pas rappeler du tombeau les trop nombreuses victimes qu'une aveugle férocité y avait malheureusement plongées; ils ne pouvaient pas arracher aux entrailles de la terre les timides Indiens que l'avarice des conquérans y faisait tous les jours descendre. Leur tendre sollicitude se tourna vers les sauvages que leur vie errante avait jusqu'alors sous-

Grâce à l'instruction religieuse et morale, les peuples les plus sauvages et les plus barbares sont devenus des peuples policés, florissans, heureux... A elle seule, il appartient de civili-

traits au glaive et à la tyrannie; le plan était de les tirer de leurs forêts et de les rassembler en corps de nation, mais loin des lieux habités par les oppresseurs du nouvel hémisphère. Un succès plus ou moins grand couronna ces vues dans la Californie, chez les Moxos, parmi les Chiquites, sur l'Amazone et dans quelques autres contrées. Cependant aucune de ces institutions ne jeta un aussi grand éclat que celle qui fut formée au Paraguay.

Les Jésuites, qui n'avaient point d'armée, se bornèrent à la *persuasion;* ils s'enfonçaient dans les forêts pour chercher des sauvages, et ils les déterminaient à renoncer à leurs habitudes, à leurs préjugés, pour embrasser une religion à laquelle ces peuples ne comprenaient rien, et pour goûter les douceurs de la société qu'ils ne connaissaient pas.

La division des terres en trois parts: pour les temples, pour le public et pour les particuliers; le travail pour les orphelins, les vieillards et les soldats; le prix accordé aux belles actions; l'inspection ou la censure des mœurs; le ressort de la bienveillance; les fêtes mêlées aux travaux; les exercices militaires; la subordination; les précautions contre l'oisiveté; le respect pour la religion et les vertus: tout ce qu'on admirait dans la législation des Incas, se retrouva au Paraguay, ou y fut même perfectionné.

Les Jésuites avaient également établi un ordre qui prévenait les crimes et dispensait des punitions; rien n'était

ser les nations et de leur apprendre à jouir du bienfait de la liberté et des immenses avantages de la société.

Qui éclaire, et qui forme à l'immortalité ces

si rare au Paraguay que les délits ; les mœurs y étaient belles et pures par des moyens encore plus doux qu'au Pérou. Les lois avaient été sévères dans cet empire, elles ne le furent pas chez les Guaranis ; on n'y craignait pas les châtimens, on n'y craignait que sa conscience.

Les Jésuites avaient établi le gouvernement Théocratique, mais avec un avantage particulier à la religion chrétienne ; c'était la confession. Dans le Paraguay, elle conduisait le coupable aux pieds du magistrat : c'est là, que loin de pallier ses crimes, le repentir les lui faisait aggraver. Au lieu d'éluder sa peine, il venait la demander à genoux ; plus elle était sévère et publique, plus elle rendait le calme à sa conscience. Ainsi le châtiment, qui partout ailleurs effraie les coupables, faisait ici leur consolation, en étouffant les remords par l'expiation.

Les peuples du Paraguay n'avaient point de lois civiles, parce qu'ils ne connaissaient point de propriété ; ils n'avaient point de lois criminelles, parce que chacun s'accusait et se punissait volontairement : toutes les lois étaient des préceptes de religion. *Le meilleur gouvernement, s'il était possible qu'il se maintînt dans sa pureté, serait la Théocratie.*

Il y eut plus d'arts et de commodités dans les républiques des Jésuites, qu'il n'y en avait dans Cusco même, et il n'y eut pas plus de luxe : l'usage de la monnaie y était même ignoré. L'horloger, le tisserand, le serrurier, le tailleur, déposaient leurs ouvrages dans des magasins ;

hommes vraiment inspirés du ciel pour le bonheur de leur patrie, ces citoyens vertueux et dévoués, ces magistrats intègres, ces guerriers intrépides? Qui rend les rois amis des peuples,

on leur donnait tout ce qui était nécessaire : le laboureur avait travaillé pour eux. Les religieux instituteurs veillaient sur les besoins de tous avec des magistrats élus par le peuple même.

Il n'y avait point de distinction entre les états......... .... Les Jésuites ont fait également respecter la religion par la pompe et l'appareil imposant du culte public....... Les églises du Paraguay sont réellement fort belles; une musique qui allait au cœur, des cantiques touchans, des peintures qui parlaient aux yeux, la majesté des cérémonies; tout attirait, tout retenait les Indiens dans ces lieux sacrés, où le plaisir se confondait pour eux avec la piété.

Sous ce gouvernement, nul n'était oisif, ni excédé de travail; la nourriture était saine, abondante, égale pour tous; les citoyens simplement vêtus, logés commodément; les vieillards, les veuves, les orphelins, les malades avaient des secours inconnus sur le reste de la terre : tout le monde se mariait par choix, sans intérêt, et la multitude des enfans était une consolation, sans pouvoir être une charge. La débauche, inséparable de l'oisiveté, qui corrompt l'opulence et la misère, ne hâtait jamais le terme de la vie humaine; rien n'irritait les passions factices et ne contrariait les passions réglées par la raison et par la nature. L'on jouissait des avantages du commerce, sans être exposé à la contagion des vices du luxe; des magasins abondans, des secours gratuits entre

et les peuples amis des rois? — L'instruction religieuse et morale. A qui sont dus ces travaux immenses, ces monumens immortels de la bienfaisance, de la piété des nations? — A l'instruction religieuse et morale. Nous lui devons aussi ces sciences et ces arts merveilleux, la gloire de notre belle France. Eh! que serait devenue cette belle France, sans l'instruction que reçurent nos pères de ces hommes apostoliques qui vinrent les affranchir du joug honteux de la superstition et arrêter le sang des nombreuses victimes qu'immolaient à des dieux abominables, les druides, sacrificateurs impurs?

des nations confédérées par la fraternité d'une même religion, étaient une ressource contre la disette qu'amenaient l'inconstance et l'intempérie des saisons; la vengeance publique ne fut jamais dans la triste nécessité de condamner un seul criminel à la mort, à l'ignominie, à des peines de quelque durée; l'on ignorait jusqu'au nom d'impôt et de procès, deux terribles fléaux qui travaillent partout l'espèce humaine. (*Histoire philosophique et politique des établissemens et du commerce des Européens dans les deux Indes*, tom. III, liv. VII.)

Mais comment les Jésuites ont-ils rendu des peuples naguère si féroces, si malheureux, les peuples les plus humains, les plus heureux? L'instruction religieuse et morale, voilà le premier et le grand moyen qu'ils ont employé. Sans ce moyen, les Jésuites n'eussent jamais rendu heureux un seul Indien.

« Eh! que serait devenue l'Europe, s'écrie le « tribun *Carion Nisas*, lorsque les Barbares du « Nord brisaient l'aigle avilie des Romains, et « marchaient sur la tête des nations, si leurs « chefs n'étaient pas tombés devant la croix et « n'avaient laissé adoucir leurs mœurs au « Christianisme?..... »

Qu'était l'Europe, en effet, avant que la lumière et la puissance de l'instruction religieuse et morale n'eussent pénétré dans la hutte de l'esclave, dans la maison du maître, dans le palais des rois, dans les temples des dieux? Livrés aux vices les plus avilissans, aux pratiques de la superstition la plus odieuse, ses habitans vivaient dans l'ignorance la plus révoltante; animés par des guerres cruelles, ils versaient avec fureur le sang de leurs concitoyens. Si cette partie du globe a été civilisée, ses marais desséchés, ses forêts abattues, son sol fécondé, ses esclaves affranchis, avec *lenteur*, à la vérité, et *progressivement*, mais de manière à leur rendre la liberté une source de bonheur pour eux-mêmes et une garantie de prospérité pour les nations; si, enfin, l'Europe est aujourd'hui grande, riche et puissante, c'est l'œuvre de l'instruction religieuse et morale.

Mais comment l'instruction religieuse et morale a-t-elle pu opérer tant de prodiges, renouveler la face de la terre? *En abolissant l'esclavage sans abolir le travail; en procurant aux nations une civilisation fondée sur les principes éternels de l'humanité, de l'ordre et de la justice.* Aux plus incrédules, nous offrons pour preuves le témoignage des peuples qui ont vu tomber leurs chaînes; la prospérité, la puissance des empires affranchis de leurs faux dieux; l'expérience de dix-huit siècles.

Puisse l'instruction religieuse et morale procurer bientôt, aux peuples esclaves des contrées du Nouveau-Monde, les avantages si précieux d'une vraie liberté et de la civilisation! En abolissant l'esclavage, elle ranimerait dans tous l'amour du travail; à tous elle inspirerait les principes de bienfaisance, d'ordre, de paix, de justice; en brisant leurs chaînes, elle leur offrirait les élémens d'un bonheur réel. Elle régénérerait ces contrées immenses, qui bientôt deviendraient florissantes, heureuses.

CHAPITRE DEUXIÈME.

De l'Instruction des Esclaves.

« La raison, dit *Massabiau*, ayant été donnée « à l'homme pour lui montrer la route du « bonheur, et la *liberté* étant, après la vertu, le « plus grand bien qu'il y ait au monde, il n'est « guère vraisemblable qu'un si précieux trésor « soit la découverte de l'*ignorance* (1). »

Hâtons-nous donc de secourir efficacement les esclaves, nos frères d'outre-mer, en les arrachant à leur affreuse *ignorance*, afin de leur apprendre à faire des actions dignes de l'homme et à pratiquer ces vertus sublimes, la gloire des nations civilisées. Or, pour y réussir il est un moyen facile et infailllible, l'instruction; mais

(1) *De l'Esprit des Institutions politiques*, tome II, liv. VIII, ch. 1.

une instruction pure et solide, qui, loin d'affaiblir en eux le sentiment du bien, leur rappelle sans cesse l'horreur et les châtimens du vice, les délices et les récompenses de la vertu; qui soit pour eux la règle invariable et évidente des mœurs, le lien des rapports qu'ils auront un jour dans la société; une instruction, enfin, qui, les éloignant toujours de l'oisiveté, les anime au travail. Or, cette instruction, c'est l'instruction religieuse et morale qui, développant d'une manière admirable nos facultés intellectuelles, nous remet constamment sous les yeux le tableau de nos devoirs envers Dieu, envers nous-mêmes, envers nos semblables, et nous porte efficacement à les remplir. L'instruction religieuse et morale, voilà le flambeau qui seul peut éclairer divinement l'esclave, et la puissance qui seule peut dominer les passions de son cœur les plus ardentes. Elle seule peut répandre parmi les masses les idées d'humanité, d'ordre, de devoir et d'équité. Elle seule, enfin, peut faire d'un peuple d'esclaves, livrés à la superstition et aux vices les plus honteux, un peuple essentiellement moral, soumis, laborieux, un peuple vraiment libre et civilisé.

Peut-être la philosophie nous accusera-t-elle de vouloir laisser dans *l'ignorance*, *l'abrutissement*, la population noire, en ne lui donnant pour tout enseignement que la morale de l'Evangile, et en lui refusant une instruction qui soit en rapport avec *le progrès des lumières*; mais que la philosophie le sache bien, avec la seule morale tout à la fois si simple et si sublime de l'Evangile, les esclaves feraient les progrès les plus rapides dans la civilisation; en effet, ils apprendraient à pratiquer ces vertus si belles, si consolantes, qui font le charme et le bonheur de la vie, et qu'ignore, cependant, l'orgueilleuse philosophie. Livrés à la culture des terres et aux autres travaux en usage dans les contrées qu'ils habitent, peu à peu ils s'éloigneraient du mal, chaque jour l'habitude du bien en eux s'accroîtrait; épris des attraits des vertus sociales et chrétiennes, convaincus des avantages qu'elles procurent, ils se rendraient de plus en plus dignes de la liberté. Plus tard, fiers de cette liberté dont ils connaîtraient tout le bienfait, et jaloux de la conserver, ils rempliraient fidèlement les devoirs qu'elle prescrit, et se soumettraient volontiers aux grands et nombreux sacrifices qu'elle exige. Citoyens dévoués, ils contribueraient de tous leurs efforts au bonheur des particuliers et à celui de la société; sincèrement attachés aux intérêts de la mère-patrie, ils prouveraient par leurs actions que l'instruction religieuse et morale éclaire réellement l'esprit, qu'elle forme et dirige le cœur, et qu'elle seule conduit aux vrais progrès de la civilisation et de la prospérité des nations.

L'instruction religieuse et morale, qui n'est autre que l'enseignement des principes de la religion (1) et la pratique de ses préceptes, est

(1) « Si les principes de la religion formaient la *charte* « commune des peuples, a dit l'illustre auteur du *Génie* « *du Christianisme*, qui ne sent, qui ne reconnaît qu'une « religion dont les préceptes sont un code de morale et « de vertu, est une institution qui peut suppléer à tout « et devenir un moyen universel de félicité? Peut-être « un jour les diverses formes de gouvernement paraî- « tront-elles indifférentes, et l'on s'en tiendra aux sim- « ples lois morales et religieuses, qui sont le fond per- « manent des sociétés et le véritable gouvernement des « hommes.

« Quels que soient le génie, l'esprit de prudence et de « raison qui président à la confection des lois, quelque « connaissance qu'on ait du cœur humain, quelque « grande que soit la lumière de l'expérience, quelque « secours qu'on retire des enseignemens de l'histoire et « de l'étude des siècles, il est impossible à l'homme de « donner aux hommes des lois qui obvient à tous les « inconvéniens, qui prévoient toutes les difficultés, qui « suffisent à tous les besoins, et qui, dans leur exécu- « tion, ne laissent rien à l'arbitraire et aux passions; les « lois évangéliques, sans aucun de ces inconvéniens, « pourraient satisfaire à tout, si on les pratiquait avec « la crainte et la soumission qui leur sont dues; plus de

le moyen le plus efficace et le plus prompt de rendre les esclaves des citoyens vertueux et dévoués, de faire régner dans nos colonies avec la sécurité, la prospérité et le bonheur.

« difficultés, d'incertitude, d'arbitraire dans leur appli-
« cation; la conscience, juge sévère et calme, saurait
« toujours mieux quel parti prendre; ni le dégoût, ni
« les remords, ni la crainte, ni l'inquiétude, ne pour-
« suivraient le magistrat descendant de son siége.
« Accusés, condamnés, tous les justiciables, tous les peu-
« ples convaincus, entraînés eux-mêmes par cette sym-
« pathique et impérieuse adhésion de leur propre cœur,
« pourraient encore, dans un premier mouvement, songer
« à la résistance, à la révolte, mais bientôt ils ne trou-
« veraient plus en eux ni volonté pour s'entendre, ni
« énergie pour entreprendre.

« Rien de plus libéral que les idées religieuses; rien
« de si indépendant, de si libre qu'un chrétien; jamais
« les hommes ne sont si égaux que devant la religion....

« *Montesquieu* a reconnu que les principes du Chris-
« tianisme font plus que l'honneur dans les monarchies,
« la vertu dans les républiques, et la crainte dans les
« états despotiques.

« Toutes les questions de philosophie sont résolues
« par la religion; elle satisfait à tout, elle rend compte
« de tout; sa lumière s'étend à tout; hors d'elle, on
« n'arrive qu'au doute, qu'à l'incertitude : en vain même
« veut-on se passer d'elle, sans le vouloir, sans le sa-
« voir, on s'en étaie, on s'en appuie; et c'est aux lu-
« mières répandues dans le monde par la religion, que
« notre esprit doit la plus grande partie de sa force. »

Depuis que de simples prêtres n'ont employé que ce moyen pour civiliser et rendre heureuses les nations les plus barbares, on ne peut douter de son efficacité et de son empire sur l'esprit et sur le cœur de l'homme. « Tandis que des mil- « liers de soldats, dit *Raynal* (1), changeaient « deux grands empires policés en déserts de « sauvages errans, quelques missionnaires ont « changé de petites nations errantes en plu- « sieurs grands peuples policés. »

Lorsque *Jésus* dit à ses disciples : *Allez, prêchez l'Évangile à toute créature;* il a voulu que l'Evangile devînt le livre des rois et des peuples, de l'esclave et de l'homme libre : à tous, en effet, il dicte leurs devoirs. Aux souverains, il dit : *Ne vous montrez pas sur le trône un sceptre de fer à la main pour opprimer, briser vos peuples; mais un sceptre d'or pour répandre sur eux l'abondance et le bonheur; toujours, soyez-en les amis et les pères.* Aux sujets : *Obéissez aux lois, honorez vos souverains, offrez votre sang à la patrie.* A l'esclave : *Avec calme et résignation, supporte ton sort; attends avec patience le moment de ta délivrance; respecte ton maître, tu lui dois le travail et la fidélité.* Enfin, il dit à l'homme libre : *l'esclave est ton frère,*

(1) *Histoire philosophique et politique*, tom. III, liv. VII.

comme tel aime-le ; pourvois à ses besoins, tu le dois, travaille à son bonheur.

Quoi ! cette morale de l'Evangile si pure, toute divine, entretiendrait l'esclave dans son *ignorance, l'abrutirait !....* Non, non. « *L'Evangile* « produit ses sages dans toutes les conditions, « dit le P. *la Neuville* ; pour les former, il n'a « pas besoin de trouver la force et la fermeté du « génie, il ne lui faut qu'une âme capable de sen« tir. Son langage est surtout le langage du cœur; « c'est en touchant qu'il éclaire ; c'est en re« muant qu'il persuade ; c'est en donnant des « sentimens qu'il répand la lumière..... »

D'ailleurs, point de *vrai progrès des lumières* sans la religion. Eh ! « Pourrions-nous, dit « M. *Portalis*, regarder comme inconciliables « avec *nos lumières* et avec nos mœurs une reli« gion que les Descartes, les Newton, et tant d'au« tres grands hommes s'honoraient de professer, « qui a développé le génie des Pascal, des Bos« suet, et qui a formé l'âme de Fénelon ?.....

« Pourrions-nous méconnaître l'heureuse « influence du Christianisme, sans répudier « tous nos chefs-d'œuvre en tout genre, sans « les condamner à l'oubli, sans effacer les mo« numens de notre propre gloire ?

« En morale, n'est-ce pas la religion chré« tienne qui nous a transmis le corps entier de

« la loi naturelle ? Cette religion ne nous *en-*
« *seigne-t-elle pas* tout ce qui est juste, tout ce
« qui est saint, tout ce qui est aimable? En re-
« commandant partout l'amour des hommes et
« en nous élevant jusqu'au Créateur, n'a-t-elle
« pas posé le principe de tout ce qui est bien?
« N'a-t-elle pas ouvert la véritable source des
« mœurs?.... »

Hé! quel est donc *le progrès* que la philosophie ne cesse d'exalter? Fiers de notre civilisation et de nos libertés, nous voyons avec complaisance les sciences se répandre, les arts grandir au milieu de nous d'une manière merveilleuse; mais, que faisons-nous pour notre propre et vrai bonheur et pour celui de nos concitoyens? Les liens si doux, si puissans de l'union et de la fraternité sont brisés : l'égoïsme, le sombre égoïsme, devenu le mobile de toutes les actions, domine tous les cœurs; partout nous remarquons l'absence des plus belles vertus; sans cesse nous avons sous les yeux les tableaux les plus hideux, les plus déchirans de la corruption, de la misère, du crime, du désespoir; tout nous prouve qu'une fièvre délirante travaille la société tout entière, et on exalte *notre progrès des lumières!...* En vérité, une telle exaltation est elle-même un délire.....

Le vrai progrès des lumières consiste dans la

pratique des vertus sociales et chrétiennes, à travailler au bonheur présent et futur de ses semblables, et par l'accomplissement de tous ses devoirs à se rendre soi-même heureux en deçà et au delà du tombeau.

C'est ce progrès des lumières qui convient surtout aux esclaves. Hâtons-nous donc de l'étendre jusqu'à eux.

L'esclave n'a nullement besoin de ces belles maximes conçues par la philosophie, accréditées par l'oubli de celles de l'Evangile, et qui ne sont que trop répandues dans toutes les classes de la société, spécialement dans nos écoles; maximes qui, loin d'agrandir la raison de l'homme, d'ennoblir son être, de le rendre digne de lui-même, ne peuvent que voiler son esprit d'épaisses ténèbres, que lui inspirer du mépris pour les devoirs les plus sacrés, qu'incliner son cœur vers le mal.

Mais il a besoin d'une instruction qui soit en rapport avec ses facultés intellectuelles et ses besoins, c'est-à-dire, d'une instruction qui lui rappelle sans cesse les préceptes de la loi naturelle qu'il ignore presque généralement, qui les lui montre d'une manière claire, évidente, et qui le conduise à l'accomplissement de ces mêmes préceptes; une instruction, enfin, qui pénètre jusqu'au cœur pour en détruire les vices et pour l'animer d'un motif sublime. Oui, « quoi qu'en dise la philosophie, il n'y a que « la morale chrétienne, dit *Biroat*, qui aille « chercher les passions jusqu'au fond du cœur, « et en couper jusqu'à la racine ; c'est elle qui « conduit généralement toutes les vertus par « un motif supérieur à toutes les inclinations, « à tous les mouvemens de la nature. »

Las-Casas, le vertueux *Las-Casas* connaissait bien l'empire de l'instruction religieuse et morale sur les peuples les moins civilisés et les plus superstitieux. Ce héros de l'humanité et de la vraie liberté, assuré de pouvoir conquérir de vastes pays sans le secours de la force militaire, mais l'*Evangile* à la main, demanda au roi d'Espagne qu'il lui fût accordé mille lieues de côtes, depuis la rivière des Aruacas jusqu'à cent lieues au dessus de Paria. Voilà les immenses contrées que l'immortel évêque de *Chiapa*, cet intrépide et généreux défenseur des Indiens, voulait conquérir et rendre heureuses, aidé du zèle et de la charité de *cinquante missionnaires*.

Il promettait qu'au bout de deux ans S. M. compterait dix mille fidèles sujets de plus ; que la troisième année une contribution de quinze mille ducats serait levée dans ce pays au profit du trésor public ; que ce produit augmenterait annuellement, et que la dixième année S. M. pourrait recevoir *soixante mille ducats;* qu'à cette époque, il fonderait trois colonies avec trois forteresses sur les trois points les plus susceptibles de défense; et qu'au milieu des naturels, qui habiteraient ces trois villes, il établirait cinquante familles espagnoles. Il promettait de découvrir toutes les rivières riches en paillettes d'or, et qu'on les exploiterait immédiatement au profit du trésor royal; et cela, sans charger de chaînes des peuples libres, et sans répandre une goutte de sang injustement (1).

Assurément, par l'instruction religieuse et morale, nous ne découvrirons pas dans nos colonies des rivières riches en paillettes d'or, ni des mines abondantes; mais, ce qui est bien préférable, nous inspirerons à tous ceux qui les habitent des sentimens d'humanité, d'ordre, de paix, de justice, de vraie liberté, l'amour du travail. Dès lors, nous donnerons à nos colonies une garantie durable de sécurité, une source féconde de prospérité, et nous procurerons aux esclaves les élémens d'un bonheur réel en deçà et au delà du sépulcre.

(1) *Œuvres de don Barthélemi de Las-Casas, évêque de Chiapa, défenseur de la liberté des naturels de l'Amérique*, tom. 1er; sa vie, pag. XXXVII.

Que ceux qui ont mission de travailler à résoudre le grand problème qui nous occupe n'oublient jamais que la *puissance humaine* n'a point de moyen pour réprimer les passions de l'esclave, ni pour épurer ses mœurs, ni pour lui inspirer des sentimens capables de lui faire aimer la pratique des vertus et l'accomplissement de ses devoirs. Le moyen unique, c'est la religion ; mais ce moyen ne peut avoir d'efficacité que par l'instruction. « Il est (1) une considéra-
« tion puissante et qu'il appartient à une as-
« semblée de citoyens respectables de faire va-
« loir auprès du Gouvernement. Oui, il faut
« avoir le courage de lui dire, puisqu'enfin la
« fatalité des circonstances a voulu qu'il y ait
« peut-être du courage à énoncer de telles vé-
« rités ; il faut lui dire qu'un invincible et éter-
« nel sentiment a fait et fera toujours croire
« aux hommes que la base de l'*éducation est*
« *l'enseignement religieux* ; que l'isolement de
« toute instruction, de toute doctrine, de toute
« morale religieuse, dans lequel d'imprudens
« novateurs ont voulu que fût retranchée l'in-
« struction publique, deviendrait, s'il pouvait

(1) Extrait d'un rapport fait au conseil-général du département de la Seine, le 15 thermidor an VIII, sur *l'instruction publique*.

« subsister, une profession implicite d'athéisme « de la part du *Gouvernement* et de la *Nation*. »

Mais « si l'*instruction religieuse*, a dit le tri- « bun *Carion-Nisas*, est un besoin de société, « le Gouvernement est obligé de pourvoir à ce « besoin moral, comme il pourvoit au besoin « public par l'établissement des hôpitaux et « des grandes routes.

« Le raisonnement de celui qui avancerait « que tout devoir est rempli de la part du Gou- « vernement quand il a laissé à l'homme la li- « berté de s'instruire et de diriger sa conduite « à son gré ; ce raisonnement, dis-je, ressem- « blerait à la prétention de celui qui avancerait « qu'il est inutile d'entretenir aux frais du pu- « blic des chemins et des hôpitaux ; parce que « ceux qui voudraient voyager sont libres de « faire et d'entretenir des routes, et ceux qui « sont malades de se gîter où bon leur semble « et de prendre les remèdes qui leur plaisent...

« Mais qui ne voit qu'une pareille liberté « n'est pour un peuple que *la liberté de périr?* »

Le Gouvernement, qui veut sincèrement le bonheur des noirs et la prospérité de nos possessions d'outre-mer, s'empressera, nous n'en doutons pas, de répandre le bienfait de l'instruction religieuse et morale dans ces belles contrées, et spécialement parmi les masses esclaves, dont les besoins aussi bien que des circonstances impérieuses exigent ce grand bienfait. Le Gouvernement emploiera tous les moyens de les rendre de bons chrétiens, afin d'en faire des citoyens vertueux, des sujets fidèles et dévoués. Le pieux et savant *Almeyda* (1) demandait un jour à un prince du Japon ce qu'il ferait, supposé que le roi son souverain lui ordonnât d'abjurer le Christianisme : « Voici, dit « le prince, ce que je lui répondrais : *Seigneur*, « voulez-vous que je vous sois fidèle, et que « j'aie toujours toute la soumission qu'il con- « vient à un sujet d'avoir pour son roi? Voulez- « vous que je témoigne du zèle pour votre ser- « vice dans les occasions où je pourrais vous « être utile, et qu'aucun intérêt particulier ne « me fasse jamais oublier ce que je vous dois? « Voulez-vous que je sois doux, modéré, com- « plaisant, plein de charité envers mes égaux; « que je souffre avec patience tous les mauvais « traitemens qu'on me fera? ordonnez-moi « donc de demeurer chrétien : car il n'y a que « d'un chrétien qu'on puisse raisonnablement « attendre tout cela. » (Charlevoix, *Histoire du Japon*, tom. II, liv. II, pag. 176.)

(1) Missionnaire jésuite.

CHAPITRE TROISIÈME.

De la nécessité de répandre l'Instruction religieuse et morale dans nos colonies et surtout parmi les Esclaves.

Dans nos colonies, un désir ardent de la liberté agite vivement les esprits ; l'amour de l'indépendance travaille d'une manière effrayante la population noire. Tous semblent n'attendre que le moment de secouer le joug de la soumission, de l'obéissance, de s'affranchir du travail. Nos colonies vivent dans l'anxiété la plus cruelle.

Mais devons-nous être surpris si des symptômes alarmans se manifestent, si l'esclave invoque déjà la liberté? Non, sans doute : car, tant que des hommes animés d'un zèle trop ardent et trop peu éclairé ne cesseront d'exalter et de proclamer une liberté que des esclaves eux-mêmes rejetteraient, s'ils la connaissaient, parce qu'ils ne verraient dans cette liberté *prématurée* qu'une source d'indigence et de malheurs, le sort de nos colonies et celui des noirs ne seront point garantis.

Chose étrange! ces prétendus philantropes répètent sans cesse à l'esclave : *Sois libre!* et jamais ils ne lui disent : *Sois vertueux!* Cependant sans vertu la *liberté* n'est-elle pas un affreux *esclavage?*

Sublime philantropie, qui proclame une liberté qui ne peut produire que des *chaînes*, et qui ignore les premiers élémens d'une prospérité réelle, d'un bonheur véritable!...

. Oui, si le zèle de la plupart de nos philantropes dominait tous les cœurs, bientôt la liberté serait une plaie universelle, un malheur commun. Aussi les principes de ces hommes, loin de contribuer à la tranquillité, à la prospérité de nos colonies et au bonheur des esclaves, ne peuvent que hâter la ruine des unes et détruire jusqu'à l'espoir de tout bonheur pour les autres.

Ah! qu'il serait beau à ces philantropes au zèle brûlant, de franchir l'immense Atlantique, de confier leur courage, leur vie aux flots de la mer et aux fureurs de la tempête pour aller apprendre aux esclaves *leurs frères* à pratiquer les vertus sociales et chrétiennes, leur inspirer l'amour d'une morale pure, simple et divine qui infailliblement en ferait des *hommes vraiment libres;* en un mot, pour travailler à en faire de *vrais chrétiens.* « Nul n'est heureux comme « un vrai chrétien, dit *Pascal*, ni raisonnable, « ni vertueux, ni aimable. » Assurément, un tel dévoûment serait admiré de tous et digne de l'immortalité.

Mais si « les anciens philosophes eux-mêmes, « dit M. *de Chateaubriand*, n'ont jamais quitté « les avenues d'Académus et les délices d'A- « thènes, pour aller, au gré d'une impulsion « sublime, humaniser le sauvage, instruire l'i- « gnorant, guérir le malade, vêtir le pauvre, « et semer la concorde et la paix parmi des « nations ennemies..... » que feront en faveur des esclaves leurs frères, ces nombreux philantropes qui sans cesse proclament l'humanité, la bienfaisance, la liberté, mais dont les sacrifices ne dépassent pas l'égoïsme?...

Aujourd'hui, plus que jamais, pour modérer et régler les passions des esclaves, il est nécessaire de répandre parmi eux les sentimens religieux. « N'est-ce pas par les idées religieuses, a dit « le célèbre conseiller d'état *Portalis* (1), que les « premiers législateurs ont cherché à modérer

(1) *Discours sur l'Organisation des Cultes, prononcé dans la séance du Corps-Législatif, du 16 germinal an* x.

« les passions et les affections humaines?......
« En est-il un seul qui ait dédaigné d'appeler
« la religion au secours de la politique? »

Qu'on ne vienne point exalter ici l'empire des lois et la *puissance* d'une morale purement humaine ou philosophique.

« Les lois et la morale ne sauraient suffire, « dit encore M. *Portalis* (1); les lois ne règlent « que certaines actions; la religion les em« brasse toutes : les lois n'arrêtent que le bras; « la religion règle le cœur : les lois ne sont re« latives qu'aux citoyens; la religion s'empare « de l'homme.

« La morale sans préceptes positifs laisserait « la raison sans règles. La morale sans dogme « religieux ne serait qu'*une justice sans tribu« naux.* »

Aujourd'hui, plus que jamais, il est nécessaire d'éclairer les esclaves sur leurs devoirs envers Dieu, envers eux-mêmes, envers leurs semblables; de leur répéter : *Soyez vertueux, puis vous serez libres!*

Il faut inspirer à l'esclave l'amour de la vertu avant celui de la liberté : c'est là le grand moyen de modérer, de régler sa passion pour l'indépendance, qui pourrait bien se changer

(5) *Discours sur l'Organisation des Cultes.*

en fureur ; de le maintenir dans le travail, la soumission et la fidélité.

On le sait, et la plus funeste expérience ne l'a que trop souvent appris, les passions de l'esclave deviennent d'autant plus puissantes et terribles, que l'ignorance de ses devoirs est plus grande. En effet, l'ignorance des devoirs les plus sacrés n'est-elle pas la cause des crimes, des turpitudes où tant d'hommes se précipitent? Lorsqu'il veut secouer le joug de l'indépendance, le fer, le feu, le poison, tout lui est bon, tout est mis en œuvre. Il devient audacieux, intrépide, cruel lorsqu'il combat, ayant pour devise : *La liberté* ou *la mort!*

Nos colonies n'ont-elles pas éprouvé ce que peuvent le courage, l'intrépidité, la fureur des esclaves qui, le fer à la main, demandent la liberté? Qu'on se rappelle les désastres à jamais déplorables de Saint-Domingue : l'étendard de la liberté flotte : aussitôt les noirs s'arment et les blancs sont massacrés...... Le général *Leclerc* paraît à la tête d'une nombreuse armée dont il effectue le débarquement : aussitôt les noirs, n'écoutant que leur fureur, s'arment chacun d'une torche, et fuyant ils mettent le feu à la ville et aux habitations. Des flots de sang français n'ont-ils pas coulé sur ces plages lointaines? Les cendres de nos guerriers et de tant de milliers de colons tombés sous la hache des noirs ne reposent-elles pas encore, mais sans honneurs, dans ces contrées devenues désertes et où règnent l'indigence et le malheur?.....

La *Guadeloupe* n'a pas encore perdu le souvenir des horribles forfaits auxquels se livrèrent les noirs, *dans les temps si heureux de la liberté, de l'égalité, de la fraternité française!* Ils ne voulaient rien moins que massacrer les blancs, s'emparer de leurs propriétés, afin de jouir avec plus de sécurité d'une liberté qu'ils faisaient consister dans une licence effrénée et dans le pouvoir de réaliser les espérances les plus criminelles.

Dans la nuit du 21 au 22 avril 1793 (1), des noirs, au nombre de deux cent quarante-trois, fondent sur les habitations *Vermond, Godet, Roussel, Gondrecourt, Brindeau* et *Ithier*, situées dans la paroisse des *Trois-Rivières*. Vingt-deux blancs de tout âge, de tout sexe, tombent sous les coups des assassins, qui, avec la plus outrageante barbarie, mutilent les cadavres de leurs malheureuses victimes. Ces victimes étaient les propriétaires les plus riches et les plus respectables de la paroisse. Ces monstres

(1) *Mémoire pour les habitans de la Guadeloupe*, t. 1er, pag. 35.

furent arrêtés encore tout dégouttans du sang des infortunés qu'ils venaient d'immoler à leur aveugle fureur et *au nom de la liberté*, revêtus de leurs dépouilles et armés de sabres et de fusils de chasse enlevés sur les habitations.

Peut-on se rappeler sans horreur les crimes de *Bellegarde* (1), *nouveau citoyen* (nègre), qui, à la tête de *quatre cents volontaires* (2), se signala par le pillage, le meurtre et l'incendie; le triple assassinat de l'infortuné *Salager* (3) fils, fermier d'une sucrerie sur les hauteurs de la *Basse-Terre*, de sa *sœur* et de son *jeune frère?* Qui ne frémit encore au souvenir du féroce *Ignace* (4), qui, traînant à sa suite une multitude de brigands, massacrait impitoyablement ceux qu'il rencontrait, et qui partout répandait l'incendie?

Aussi réduisit-il en cendres le bourg des *Trois-Rivières*, celui de *Saint-Sauveur* et tout le quartier de la *Capesterre*, un des plus riches de la colonie.

Aujourd'hui encore, des ruines attestent la

(1) *Mémoire pour les habit. de la Guadeloupe*, pag. 41.

(2) *Ces volontaires* étaient pour la plupart des nègres esclaves, auxquels leur chef promettait la liberté pour prix de leurs *services*.

(3) *Id.*, pag. 205.

(4) *Id.*, pag. 200.

fureur et la barbarie de ces hommes indignes de la liberté, qu'ils regardaient comme le pouvoir de commettre le crime.

Ne pourrions-nous pas citer bien d'autres traits de cruauté, de barbarie, qui toujours seront une preuve de la nécessité de bien instruire les esclaves de leurs devoirs, des obligations qu'impose la liberté ; en un mot, de les rendre bons et vertueux avant de les proclamer libres? « *Oh! soyons bons d'abord*, répondait « *Jean-Jacques* aux fatalistes, *et puis nous se-* « *rons heureux.* »

Qu'on ne dise point qu'à cette époque si tristement célèbre, il était facile aux noirs de trouver des chefs amis du désordre, de l'anarchie, et capables des plus grands crimes ; mais que de tels forfaits ne peuvent se renouveler, parce que la puissance de la loi et la force des baïonnettes sont là pour protéger et défendre les colons et leurs propriétés. Eh bien! qu'aujourd'hui même, que le canon garnit les forts de nos colonies et que de nombreux soldats veillent sans cesse à la sûreté des citoyens ; qu'aujourd'hui même on persuade aux esclaves *que la liberté leur appartient; que leurs maîtres sont des tyrans, et qu'il vaut mieux mourir combattant pour la liberté, que vivre dans l'esclavage*, et vous entendrez bientôt retentir de toutes parts ce cri de mort : *Aux armes! Liberté!*... A ce cri, vous verrez les esclaves s'exciter à la révolte, les ateliers s'insurger, des flots de sang couler et la flamme dominer les habitations.

Plus nous considérons l'état actuel de nos colonies, plus nous sommes effrayé et convaincu que de grands malheurs doivent affliger ces riches et vastes contrées, si l'on ne se hâte d'employer pour les prévenir les moyens les plus faciles et les plus efficaces. Quelle sécurité, en effet, y peuvent trouver les Européens, qui sont en si petit nombre, au milieu de ces milliers d'esclaves qu'on excite à la révolte en leur inspirant l'amour d'une liberté qu'ils n'ont point encore le droit d'exiger, et qui d'ailleurs serait la cause immédiate de leur malheur et de la ruine entière de nos possessions d'outre-mer? Que deviendraient ces quelques blancs qui se trouvent sur chaque habitation entourés d'un grand nombre d'esclaves armés (1), et qui, facilement, peuvent faire usage du poison et de la flamme, si ces mêmes esclaves se levaient subitement invoquant la liberté, le fer à la main?

Philantropes, faux apôtres de la vraie liberté,

(1) Dans nos colonies, chaque esclave a un sabre ou coutelas, dont il se sert pour travailler.

sachez-le bien : dire à l'esclave qu'il a le droit d'exiger la liberté, c'est lui dire qu'il a celui de se révolter ; dans son ignorance, il ne peut comprendre autre chose ; lui inspirer l'amour d'une liberté qu'il ne connaît nullement et qu'il regarde comme le pouvoir de commettre le crime, c'est lui inspirer la résolution barbare de briser lui-même ses chaînes..... Il le fera...

Bien certainement, ce serait pour lui chose facile, puisque « la lime du temps a rongé les « fers de nos esclaves ; *ils ne tiennent plus qu'à « un fil; le plus léger effort de leur part peut les « briser* (1). »

Mais est-ce aux esclaves eux-mêmes ou bien à la Religion et au Gouvernement qu'il appartient *de rompre ce fil* d'où dépend leur propre bonheur et celui de nos colonies ? *Le plus léger effort* que feraient les esclaves pour rompre leurs chaînes serait l'usage du fer, du poison et de la flamme. En 1822, la Martinique n'a-t-elle pas eu à gémir sur les suites terribles de ce *léger effort ?* N'a-t-elle pas vu des habitations au milieu de l'incendie ? Et en 1832, de nouveaux crimes n'ont-ils pas rappelé à la Guadeloupe ses

(1) *Pétition à MM. les membres de la chambre des Députés. Abolition de l'esclavage, division des terres, indemnité, par un propriétaire d'esclaves*, 1836.

anciens malheurs ? Évidemment, à l'instant même que l'esclave dira : *J'ai brisé mes chaînes, je suis libre!* commenceront son indigence, son malheur et la ruine de nos colonies.....

« Oui (1), l'émancipation des esclaves de la « France ultramarine est commandée par la « force des choses ; *il ne reste plus qu'à briser le « lien physique pour en venir là.* Nous ne crai- « gnons pas de le dire : car le premier anneau de « la chaîne qui retient l'homme dans l'esclavage « de son semblable, ne s'appuie que sur le mo- « ral ; c'est lui qui étouffe le sentiment de son « indépendance, et comprime sa volonté au « point de lui faire tolérer sa condition, en « substituant insensiblement dans son âme la « loi de l'habitude à celle de la nature. *Mais « que la voix de la liberté retentisse une fois à « son oreille, il sortira bientôt de sa triste lé- « thargie comme d'un pénible cauchemar; et « vous le verrez s'agiter en tous sens pour se « débarrasser d'un poids qui l'opprime et l'as- « sujétit malgré lui*......... Eh bien! cette voix « brûlante s'est fait entendre, le prestige a dis- « paru. C'en est fait : *la chaîne de nos esclaves « est rompue dans sa base*, dès que le pressen- « timent de leur indépendance future ne leur

(1) Même pétition.

« permet plus de voir dans leurs *maîtres* que
« de *détestables tyrans; dans leurs devoirs*,
« qu'*une insupportable contrainte*... Or, si la
« philantropie, en faisant luire à leurs yeux
« son talisman consolateur, n'avait ni le droit,
« ni la force de réaliser les espérances qu'elle
« leur a données, elle aurait semé *gratuite-*
« *ment le trouble et la désolation là où régnait*
« *du moins la résignation avant l'émission de*
« *ses doctrines*. »

Oh ! qu'ils seraient insensés ceux qui prétendraient rendre l'esclave heureux en brisant ce *lien physique* sans avoir avant tout établi un *lien moral* plus puissant que le premier !.....

Vous tous qui, à quelque prix que ce soit, voulez briser immédiatement les chaînes des esclaves, voyez-vous ce fleuve impétueux tout récemment grossi par des pluies abondantes : avec quelle violence il précipite ses eaux contre cette faible digue qui le retient encore? Mais si vous rompiez cette faible digue sans en avoir établi une autre plus forte et capable de le contenir dans son lit, que deviendraient ces belles et riches contrées au milieu desquelles il roule ses eaux? Ne seriez-vous pas la cause immédiate de l'indigence, du malheur de leurs nombreux et infortunés habitans? De même, si vous brisez ce *lien physique* qui est la digue bien faible, à la vérité, mais qui cependant retient encore l'esclave dans ses désirs criminels, sans en avoir établi une autre *morale* plus forte et capable de résister au torrent de ses passions et de le contenir dans l'amour du devoir et de la paix, que deviendraient ces belles et riches possessions d'outre-mer? Ne seriez-vous pas la cause immédiate de l'indigence et du malheur de leurs nombreux et infortunés habitans?

Fasse le ciel que les esclaves *ne voient jamais dans leurs maîtres de détestables tyrans, et dans leurs devoirs une insupportable contrainte!...*

Puisse ce vœu, que nous formons bien sincèrement dans l'intérêt de tous, être exaucé! Car, si jamais il en était ainsi, l'anarchie, la barbarie régneraient dans nos colonies, et avec elles couleraient des flots de sang.

En 1763, soixante-treize noirs, demeurant sur une même habitation de *Berbiche* (Guiane hollandaise), s'excitent mutuellement à la révolte: aussitôt, ils massacrent leur *tyran* (leur maître) et lèvent l'étendard de la liberté. A cette vue, le courage dans tous se ranime, et leurs espérances se fortifient. De toutes parts ils accourent, et bientôt, au nombre de plus de neuf mille, ils égorgent les blancs qu'ils rencontrent, forcent les autres à fuir; et, si les Anglais de la Barbade n'eussent envoyé un secours prompt et suffisant pour contenir les rebelles, la colonie eût été perdue...

Ici, disons-le tout haut : non, jamais la philantropie ne donnera aux esclaves des espérances réelles de consolation, jamais elle ne leur inspirera ces sentimens d'humanité si beaux, si sublimes, qui toujours animent l'homme sincèrement vertueux ; jamais elle ne contribuera efficacement à leur bonheur. Sans doute elle peut briser les chaînes de l'homme esclave, mais aussitôt elle les remplace par de nouvelles et plus pénibles et plus accablantes, parce qu'il n'est point en son pouvoir de fixer ses désirs, d'enchaîner ses passions. A la religion seule appartient ce privilége tout divin. Si l'on ne se hâte d'affaiblir par l'instruction religieuse et morale les espérances mensongères et pernicieuses que la *philantropie* inspire aux esclaves, bientôt *le trouble et la désolation régneront là où régnait du moins la résignation avant l'émission de ces doctrines.*

CHAPITRE QUATRIÈME.

A qui doit-on confier le soin d'instruire les Esclaves?

Instruire les esclaves, les former à la vertu, cette tâche si difficile et de la plus haute importance, ne doit être confiée qu'à des hommes qui, animés, soutenus d'un motif plus qu'humain, demeurent constamment attachés à leurs devoirs; supportent avec patience et résignation les fatigues et les privations; surmontent avec courage et constance les dégoûts inséparables d'une telle mission; enfin, à des hommes qui, avec autant de sagesse que de prudence, triomphent des obstacles. Mais, ces hommes, qui sont-ils? Les prêtres, les missionnaires. Au nom de missionnaire, devenu parmi nous si magique, le philosophisme jette peut-être le cri d'alarme; mais qu'il se rassure: *Montes-*

quieu (1), *Buffon* (2), *Raynal* (3) et bien d'autres ont célébré l'héroïsme des vertus, admiré les travaux immenses, publié les bienfaits sans nombre de ces hommes apostoliques qui, si gé-

(1) « Le Paraguay, dit M. de *Montesquieu*, peut nous « fournir un exemple de ces institutions singulières, « faites pour élever les peuples à la vertu. On a voulu « en faire un crime à la société (des Jésuites); il est glo- « rieux pour elle d'avoir été la première qui ait montré « dans ces contrées l'idée de la religion jointe à celle de « l'humanité; en *réparant les dévastations* des Espa- « gnols, elle a commencé à *guérir une des plus grandes* « *plaies* qu'ait encore reçu le genre humain. Un sentiment « exquis pour tout ce qu'elle appelle honneur, et son zèle « pour la religion, lui ont fait entreprendre de grandes « choses; elle y a réussi. » (*Esprit des lois*, liv. IV, ch. 6.)

(2) « Les *missions*, dit M. de *Buffon*, ont formé plus « d'hommes dans les nations barbares que les armées « des princes qui les ont subjuguées. Le Paraguay n'a « été conquis que de cette façon; la douceur, le bon « exemple, la charité et l'exercice de la vertu, constam- « ment pratiqués par les *missionnaires*, ont touché les « Sauvages, vaincu leur défiance et leur férocité : ils « sont venus souvent d'eux-mêmes demander à connaî- « tre la loi qui rendait les hommes si parfaits; ils se sont « soumis à cette loi et réunis en société. Rien ne fait plus « d'honneur à la religion que d'*avoir civilisé ces nations,* « *et jeté* les fondemens d'un empire *sans autres armes* « *que celles de la vertu.* »

(3) « Il est impossible, dit *Raynal*, qu'un lecteur qui « réfléchit ne se demande pas à lui-même, par quelle

néreusement, abandonnent leurs parens, leur patrie, tout ce qu'ils ont de plus cher, pour aller consoler, secourir des frères délaissés sur des plages lointaines ou errans dans les contrées du nouveau monde.

Vous qui déversez le ridicule sur le prêtre missionnaire, et qui vous efforcez de le rendre odieux, n'avez-vous jamais vu cet homme de Dieu, sublime de zèle et de charité, chercher les petits enfans pour les instruire, les bénir, à l'exemple du Christ; conseiller l'âge viril; soutenir, consoler le vieillard chancelant sous le poids des années et de la douleur? N'avez-vous jamais vu ce prêtre missionnaire apparaissant

« étrange manie, un individu qui jouit dans sa patrie de « toutes les commodités de la vie, peut se résoudre à la « fonction pénible et malheureuse de *missionnaire,* s'éloi- « gner de ses concitoyens, de ses amis, de ses proches, « traverser les mers pour aller s'enfoncer dans les forêts, « s'exposer aux horreurs de la plus affreuse misère, « courir à chaque pas le péril d'être dévoré par des bêtes « féroces, à chaque instant, celui d'être massacré par « des hommes barbares; s'établir au milieu d'eux, se « prêter à leurs mœurs, partager leur indigence et « leurs fatigues, rester à la merci de leurs passions ou de « leurs caprices, aussi long-temps au moins qu'il le faut « pour apprendre leur langue et s'en faire entendre.

« Si c'est par enthousiasme de religion, quel plus ter- « rible ressort peut-on imaginer que celui-là?.... Si c'est

comme un ange de paix au milieu des malheureux pour en bannir le sombre désespoir, y faire revivre la plus douce espérance, leur rendre calme et heureuse l'heure dernière de la vie? N'avez-vous jamais remarqué dans les actions du prêtre quelque chose de sacré, de divin?...

Nous le savons, une philosophie délirante et ennemie de tout bien refuse à l'instruction religieuse et morale son influence si douce et si puissante, méprise les prédicateurs de l'Évangile ; mais l'univers reconnaissant élève des temples, dresse des autels pour honorer la foi sublime et célébrer les vertus héroïques de ces

« par un sentiment profond de commisération pour une « portion de l'espèce humaine que l'on s'est proposé d'ar« racher à l'ignorance, à la stupidité et à la misère, *je « ne connais pas une vertu plus héroïque*...... Quant à la « constance avec laquelle ces hommes rares persévèrent « dans une carrière aussi rebutante, j'aurais pensé qu'à « force de vivre avec des sauvages, ils le deviendraient « eux-mêmes, et je me serais trompé dans ma conjec« ture..... » (*Histoire philosophique et politique*, etc., tom. III.)

L'amour de Dieu et de leurs frères, voilà les deux grands motifs qui animent et vivifient les hommes apostoliques.....

Honneur à la religion qui inspire de tels hommes!!!

hommes apostoliques, sous les pas desquels naissaient les prodiges...

Instruire les esclaves, les préparer à la liberté : voilà la noble mission du clergé français, qui dans tous les temps s'est montré si digne de sa vocation ; et qui aux jours d'exécrable mémoire, calme au milieu des flots de sang, immobile sous la hache révolutionnaire, a prouvé au monde entier que mourir pour sa foi et le salut de ses frères était son triomphe et sa gloire.

L'instruction religieuse et morale de nos colonies sera donc la tâche confiée aux prêtres français ; en effet, « ils vont porter dans les colonies françaises (1), avec les lumières de la religion, tous les bienfaits, toutes les vertus qui en découlent : la subordination, l'attachement à la métropole, l'union et la paix entre les propriétaires et les colons, la douceur et l'humanité des maîtres envers leurs esclaves, la fidélité et la soumission de ceux-ci envers leurs maîtres. Tels sont les biens qu'opéreraient infailliblement ces zélés missionnaires si leur nombre était un peu plus proportionné à l'étendue des devoirs qu'ils s'imposent, des besoins qui les réclament et des contrées sur lesquelles ils se

(1) *Journal des Débats*, 10 juin 1817.

dispersent. Voilà toutefois ce qu'ils entreprennent avec un dévouement admirable, et sans être arrêtés par cette évidente disproportion entre leur entreprise et leur force. « *Six bons prêtres*, écrivait un administrateur d'une de nos colonies, *six bons prêtres feront ici plus d'effet que quatre cents hommes de troupes.* » Tel était le langage de ces administrateurs paternels qui étaient envoyés par nos rois dans ces colonies lointaines. » . . . . « Cette confiance que les gouverneurs, les administrateurs et les colons avaient dans l'ascendant des missionnaires sur la population entière des colonies, et l'efficacité de cet ascendant pour y maintenir la tranquillité, y prévenir tout désordre, ou y remédier lorsqu'ils n'avaient pu les prévenir, était appuyée sur des faits incontestables. Quand des nègres désertaient, quelques bons missionnaires se rendaient dans les lieux inaccessibles où ils s'étaient retirés, et parvenaient presque toujours à ramener les fugitifs : un d'eux en fit rentrer ainsi une troupe entière en 1787. Sous le gouvernement de M. d'Orvilliers, une quantité assez considérable de nègres s'était retranchée sur une montagne ; on y envoya un corps de soldats et d'habitans pour les envelopper. Les nègres eurent l'adresse d'enlever à ce corps tous ses vivres, et l'expédition fut entièrement manquée. La colonie était dans la consternation. Un missionnaire entreprit à lui seul de vaincre l'obstination des fugitifs : il se rendit à leur camp, passa plusieurs jours avec eux, et les ramena aux pieds du gouverneur et de leurs maîtres, entièrement désarmés par ce retour inattendu, et qui ne purent éprouver que deux sentimens : celui de l'indulgence pour les coupables repentans, et celui de la reconnaissance pour le bon prêtre qui avait opéré cette conversion inespérée.

« Des services plus signalés furent quelquefois rendus à l'état par ces pieux et zélés missionnaires : deux d'entre eux (1) s'étaient embarqués pour Cayenne ; ils font naufrage près du Cap-

(1) MM. *Bertout* et *Déglicourt*. M. *Bertout* a été près de vingt-huit ans supérieur de la *congrégation du Saint-Esprit*.

« Cette *congrégation* fut établie, en 1703, pour former à l'état ecclésiastique des jeunes gens peu aisés, mais qui promettaient d'utiles services par leur vertu et par leur aptitude aux sciences. Leur destination était pour les emplois les moins recherchés et les plus pénibles, pour la desserte des hôpitaux, pour les missions.

« Il est sorti de cet établissement un bon nombre d'ecclésiastiques qui se sont consacrés aux missions de la Chine et des Indes, où plusieurs ont été vicaires apostoliques ; d'autres ont travaillé avec succès dans celles du Canada et de l'Acadie, où ils ont servi avantageusement

Blanc, sur la côte occidentale d'Afrique, et tombent dans les mains des Maures, qui les réduisent en esclavage, leur font traverser le grand désert de Zara, et les vendent dans les établissemens du Sénégal qui appartenaient alors aux Anglais. Ces deux missionnaires se font connaître aux habitans du Sénégal, d'origine française, toujours attachés à la religion catholique, et désirant ardemment de rentrer sous la domination de leur ancienne métropole. De retour en France, les deux missionnaires

le gouvernement, en lui procurant l'affection des nations indigènes.

« La réputation dont jouissait le séminaire du Saint-Esprit, la bonne conduite des élèves, le zèle qu'ils avaient montré pour les intérêts de la France en diverses occasions, engagèrent le gouvernement, en 1776, à charger cette maison d'entretenir habituellement vingt missionnaires avec un préfet apostolique à Cayenne et à la Guiane française.

« Le séminaire du Saint-Esprit envoyait aussi des missionnaires à Gorée, sur le fleuve de Gambie, à l'île Saint-Louis, sur celui du Sénégal. Ce fut par leur zèle et leur prudence que ce dernier établissement redevint une propriété française.

« Tel était autrefois le séminaire du Saint-Esprit; il fut, comme les autres établissemens ecclésiastiques, supprimé en 1792.

« En 1805, le gouvernement d'alors sentit l'utilité

confèrent avec M. *de Sartines*, ministre de la marine, lui font connaître les dispositions des habitans, et lui donnent des éclaircissemens particuliers sur l'île Saint-Louis. La guerre s'étant alors déclarée, le ministre fait préparer une escadre sous la conduite de M. *de Vaudreuil*, et veut que les deux missionnaires soient de l'expédition, qui eut le plus heureux succès... »

« Nous n'hésitons point à le dire, il faut, au nombre des premiers besoins de nos colonies, *des prêtres pour instruire, confirmer et retenir dans la religion les colons et les nègres, et des hommes simples et religieux pour élever les enfans des uns et des autres.* Nous savons que d'autres opineraient pour la gendarmerie et pour les écoles à la Lancastre; nous nous en te-

d'une pareille institution; mais, en 1809, il la comprit dans le décret qui défendait les missions.

« Une ordonnance royale, du 3 février 1816, a rétabli la congrégation du Saint-Esprit dans tous les droits qui lui avaient été conférés précédemment, et elle fut chargée alors de fournir des prêtres pour le service paroissial de toutes les colonies françaises. » (Extrait de l'*Almanach du Clergé de France.*)

M. Bertout, qui fut fait chevalier de la Légion-d'Honneur sous la restauration, mourut au mois de novembre 1832.

nons aux missionnaires et aux frères des écoles chrétiennes (1). »

Que de faits ne pourrions-nous pas citer qui prouvent l'influence du prêtre sur les masses esclaves, et combien grand est l'empire qu'il exerce, aidé de la puissance de la religion, sur les passions les plus ardentes et les plus impétueuses de la population noire! Un entre mille : M. l'abbé *Le Grand*, préfet apostolique de la Guiane française, se trouvait, en 1793, dans un des quartiers de cette colonie, celui de *Remire*, lorsqu'il apprit qu'il était condamné à être déporté, et que bientôt il serait arraché

(1) Le gouvernement a fixé son choix sur les *Frères de l'instruction chrétienne*. Cette congrégation, fondée par M. l'abbé F. M. *de La Mennais*, vicaire général de Rennes, a déjà opéré un grand bien et obtenu de grands succès. En Bretagne seulement, elle possède cent soixante-cinq établissemens.

Les Frères de l'instruction chrétienne, dévoués et instruits, seconderont les missionnaires de nos colonies. Véritables instituteurs du peuple, animés d'un zèle ardent et d'une charité pure, ils répandront parmi les esclaves le bienfait d'une instruction simple, mais divine, qui éclaire l'esprit et dirige les actes du cœur; ils leur inspireront les sentimens de respect, de soumission envers leurs maîtres, et l'amour du travail.

Déjà cinq de ces frères sont arrivés à la Guadeloupe, et bientôt cinq autres seront envoyés à la Martinique.

aux nombreux esclaves au milieu desquels il se trouvait, et dont il était le bienfaiteur et le père : ainsi le voulait la *tolérante* république française. Avec autant de prudence que de courage, il annonce cette triste nouvelle aux esclaves qui l'entourent. Consternés, frappés comme d'un coup de foudre, ils restent interdits, des larmes roulent dans leurs yeux ; mais bientôt, pénétrés de reconnaissance et pleins d'intrépidité, ils s'écrient : « *Père! demeure avec nous,* « *nous te défendrons!...* » Il suffisait au pieux missionnaire de dire un mot, et cette foule d'esclaves eût volontiers, pour sa défense, sacrifié sa vie; mais une résignation, une prudence, un dévouement plus qu'humain caractérisent les hommes apostoliques : *Mes enfans*, répond le généreux missionnaire, *soyez vertueux, soumis, laborieux, et Dieu ne vous abandonnera pas. Je vous quitte, mais il vous enverra un autre père.*

Ah! qu'elles furent amères et abondantes les larmes que répandirent ces bons esclaves lorsqu'ils virent leur bienfaiteur, leur père, emmené par les républicains, et s'éloigner d'eux peut-être pour toujours!...

Les dernières paroles du saint missionnaire furent reçues par les noirs avec le respect, la soumission que leur inspire la dignité sublime du prêtre. Fidèles à leurs promesses, ils continuèrent à être vertueux, soumis, laborieux; M. l'abbé *Le Grand* (1), de retour à Cayenne, eut la douce consolation de voir les vertus chrétiennes régner encore au milieu de ceux qu'il avait quittés, pénétré de la plus vive douleur.

Nous le répétons : qu'elle est grande et salutaire l'influence d'un missionnaire prudent et zélé sur l'esclave!...

« Les prêtres, dit M. *Le Grand*, étaient les confidens des nègres, leurs consolateurs, leurs arbitres dans les différends... Qu'on nous rende donc des prêtres; qu'on rétablisse les prêtres : c'est le cri général. » (*Mémoire sur la mission de la Guiane*, 1817.)

Toujours le prêtre sera cet homme puissant dont la mission toute divine est de consoler, de secourir ses frères, de travailler avec dévouement à leur procurer la vraie liberté (2)..... A lui seul il est donné d'ouvrir les cieux aux blancs et aux noirs, aux libres et aux esclaves repentans.

(1) M. Le Grand revint à Cayenne à la fin de 1807, et y mourut le 17 janvier 1818.

(2) « La mode du siècle a été d'accuser les prêtres d'aimer l'esclavage et de favoriser l'oppression parmi les hommes; il est pourtant certain que personne n'a élevé

la voix avec autant de courage et de force en faveur des esclaves, des petits et des pauvres, que les écrivains ecclésiastiques. Ils ont constamment soutenu que la *liberté est un droit imprescriptible du chrétien.* »

(*Génie du Christianisme*, liv. VI, ch. 7.)

CHAPITRE CINQUIÈME.

Des moyens à prendre pour instruire les Esclaves dans les habitations.

L'œuvre de l'affranchissement est une œuvre de famille; tous ceux qui y sont intéressés et ceux qui ont mission de travailler à la perfectionner doivent toujours être bien d'accord et agir avec zèle, fermeté et constance. Il faut qu'elle s'opère en établissant d'une manière solide et durable le bonheur des esclaves et la prospérité de nos colonies : ce qui assurément ne pourrait avoir lieu si, pour briser les chaînes de l'esclave, on détruisait les ressources du maître.

Afin de rendre l'affranchissement avantageux pour tous, le premier moyen, comme le plus efficace à employer, c'est l'instruction religieuse et morale; mais si, sous prétexte d'instruire l'esclave, on ne peut le distraire du travail jusqu'à nuire aux intérêts du maître qui, étant obligé de pourvoir à tous ses besoins et à ceux de sa famille, a le droit bien légitime d'exiger de lui le travail et la fidélité, le maître ne peut non plus refuser à l'esclave le temps nécessaire pour s'instruire de ses devoirs envers Dieu, envers lui-même et envers ses semblables; ce qui est, de tous les besoins, le premier pour l'homme, et de tous les biens le plus grand. Nos rois, persuadés qu'il ne pouvait y avoir sans la religion de bonheur réel pour les esclaves, ni de prospérité durable pour les colonies qu'ils regardaient comme le principe de vie du commerce et comme une richesse pour la métropole, ont toujours voulu que les colons accordassent à leurs nègres un temps suffisant afin qu'ils apprissent les vérités de la religion, et qu'ils s'instruisissent parfaitement de leurs devoirs (1).

Les colons qui, plus sincèrement que la plupart de nos philantropes, désirent une liberté vraie, puissante, bienfaisante pour l'esclave, avantageuse aux colonies et utile à la société,

(1) Voyez le *Code Noir*, édit du roi touchant la police des îles de l'Amérique française.

ne reculent point devant l'obligation de prendre les moyens de procurer à leurs esclaves le bienfait de l'instruction religieuse et morale. Mais quels sont ces moyens? c'est ce qu'il importe d'examiner.

Ainsi que nous l'avons dit dans le chapitre précédent, c'est aux missionnaires que doit être confiée l'instruction des noirs; mais il est nécessaire qu'ils soient aidés dans cette tâche aussi pénible que difficile; car ce n'est point par des sermons et de belles instructions qu'on peut apprendre à l'esclave les vérités de la religion et la pratique des vertus sociales et chrétiennes. Il faut que le missionnaire étudie son caractère, qu'il s'applique à connaître ses penchans, ses passions; qu'il s'abaisse jusqu'à ses faiblesses, son extrême simplicité, afin de pénétrer son esprit et son cœur de ce qu'il doit croire et pratiquer. Sous le rapport de l'instruction et de la civilisation, les esclaves sont encore un peuple d'enfans. L'enseignement du *catéchisme* (1),

(1) M. Beauzée, membre de l'Académie française, allant voir un jour *Diderot*, entra dans son cabinet sans être annoncé. Il le trouva faisant répéter le *Catéchisme* à sa fille. La leçon finie, et la fille renvoyée, le *philosophe catéchiste* rit de la surprise où était M. Beauzée, de ce qu'il venait d'entendre. « Hé! quels meilleurs fondemens, lui dit-il ensuite, puis-je donner à l'éducation

une explication claire, facile à saisir des vérités qu'il renferme : voilà ce qui convient à l'esclave. Nous l'avons dit ailleurs, ses besoins, ses facultés intellectuelles ne demandent qu'une instruction simple, capable d'éclairer son esprit, de diriger son cœur. Mais sur qui les missionnaires pourraient-ils, pendant leur absence des habitations, se reposer du soin d'apprendre aux nègres leurs prières, de leur faire réciter avec fruit le catéchisme, de leur rappeler les conseils pleins de sagesse et tout paternels qu'ils leur auraient donnés, et les sentimens de respect, de soumission envers les maîtres qu'ils leur auraient inspirés ? Dans la plupart des habitations, il se trouve, à la vérité, des négresses avancées en âge, que l'on charge du soin d'instruire les nègres et surtout les enfans. Mais, on le sait, chez les esclaves, le moment de la réflexion est toujours tardif ; le retour sincère à la vertu n'a lieu qu'au déclin de la vie, et presque toujours, chose déplorable ! c'est à l'instant même qu'il leur faut descendre dans

« de ma fille pour la rendre tout ce qu'elle doit être, fille « respectueuse et tendre, digne épouse et digne mère ? « Est-il au fond, puisque nous sommes forcés d'en convenir, une morale qui vaille celle de la religion, et qui « porte sur de plus puissans motifs ? »

la tombe qu'ils conçoivent l'obligation d'aimer et de pratiquer la vertu. Or, ces négresses, à qui est confiée l'instruction des esclaves et des enfans, ont vécu dans les égaremens des passions ; et elles n'ont commencé à mieux vivre que fort tard. Quels sentimens vertueux peuvent donc inspirer aux autres ces personnes dont le cœur a toujours été flétri par le vice, et qui sont demeurées sous le joug honteux des passions les plus viles jusqu'au moment qu'il n'a plus été en leur pouvoir de les satisfaire? Et si nous jugeons par analogie, il est vrai de dire que la plupart de celles qui paraissent converties et qui se livrent aux pratiques de la religion, ignorent encore les douceurs, le bonheur que procure la vertu. L'ignorance, d'ailleurs, est leur partage ; comprenant à peine les prières qu'elles récitent sans cesse, elles sont ncapables de répéter avec fruit aux autres les explications du catéchisme données par les missionnaires (1).

Pendant notre mission à *Lakarouany*, au milieu des lépreux de la Guiane, nous avons été témoins de cette ignorance. Les nègres et négresses qu'on regardait comme les plus savans (ils savaient par cœur tout le catéchisme et les

(1) S'il y a des exceptions à faire, elles sont en bien petit nombre.

demandes et les réponses) étaient chargés d'apprendre aux autres leurs prières et de leur faire répéter le catéchisme. Eh bien! malgré leur grande science, ils apprenaient des prières si absurdes, que je fus obligé de les interdire. Ces prières plaisaient d'autant plus aux nègres, qu'elles étaient plus bizarres.

Cependant, si elles étaient bien éclairées, bien instruites, ces négresses pourraient non-seulement rendre des services dans les habitations, mais encore elles seraient capables de seconder, quoique faiblement, les efforts généreux et constans de nos missionnaires.

Les *Frères de l'Instruction chrétienne*, voilà ceux qui, dans une œuvre toute de dévouement et de charité, peuvent aider, seconder efficacement les missionnaires. En effet, dignes par leur zèle et leurs vertus, du respect et de l'estime de tous, ces bons frères dont le but unique est de contribuer au bonheur de leurs semblables par le bienfait de l'instruction, donneraient à tous la connaissance indispensable des vérités si sublimes et si consolantes de la religion; ils se serviraient de l'instruction religieuse et morale comme d'un moyen bien puissant d'unir les esclaves entre eux par les doux liens d'une charité pure et généreuse; ils ne paraîtraient dans les ateliers que pour leur parler de Dieu, les exhorter au travail, leur inspirer des sentimens de respect, de soumission envers leurs maîtres, insensiblement ils les formeraient à la pratique des vertus sociales et chrétiennes.

Aidés du zèle et des vertus de ces frères si dignes de leur belle vocation, les missionnaires, avec plus de succès que les *Commandeurs*, et sans le secours du fouet, dirigeraient les esclaves ; instruits avec soin par les frères de l'état moral des habitations, et toujours de concert avec les maîtres, ils réformeraient plus facilement les abus. Ils imposeraient des punitions à ceux qui n'auraient pas fidèlement rempli leurs devoirs, comme aussi ils accorderaient des récompenses à ceux qui auraient été vertueux, laborieux et pleins de soumission envers leurs maîtres. Les esclaves seraient d'autant plus sensibles à ces punitions et à ces récompenses qu'elles auraient été infligées et accordées publiquement par le Père (*le missionnaire*), qui toujours exercera sur eux une grande influence.

L'Angleterre s'aperçoit, mais un peu tard, qu'elle aurait dû faire ce que fera la France : instruire les esclaves de leurs devoirs, les bien convaincre que la vraie liberté impose des obligations et qu'elle exige de nombreux sacrifices, leur faire comprendre parfaitement et ces obligations et ces sacrifices; enfin les rendre heureux avant de proclamer solennellement une liberté qui sans cela serait impuissante et pour leur bonheur et pour la prospérité de nos possessions d'outre-mer.

Aujourd'hui, les instituteurs de toutes les sectes se multiplient dans les colonies anglaises, et travaillent à répandre partout une instruction tardive et insuffisante. En 1835, à Antigoa, seulement, le nombre des frères moraves s'élevait à *quinze mille* (1). Aussi cette colonie est-elle de toutes les colonies anglaises la plus avancée dans la liberté et la civilisation.

« Je suis porté à croire, disait M. John
« Innes (2), que le temps de l'apprentissage
« finira dans les autres colonies avant qu'en ef-
« fet leurs apprentis soient parvenus à un état
« de civilisation comparable à l'état actuel des
« nègres d'Antigoa. »

Mais pour faire mieux que l'Angleterre et obtenir un résultat sous tous les rapports plus heureux, il n'est pas nécessaire que la France

(1) *Rapport d'un témoin oculaire sur la marche du système d'émancipation des Nègres dans les Antilles anglaises, ou Lettre à lord Glenelg, secrétaire d'état des colonies; par John Innes.*

(2) *Id.*, pag. 65.

entretienne dans chacune de ses colonies *quinze mille frères.*

Le projet suivant obtiendra, nous n'en doutons pas, des succès aussi faciles qu'heureux.

1° Dans chaque paroisse il y aura des missionnaires spécialement chargés de visiter les habitations et d'y répandre le bienfait de l'instruction religieuse et morale;

2° Dans la même paroisse il y aura un nombre de frères de l'Instruction chrétienne proportionné à son étendue et à ses besoins;

3° Ces frères parcourront les habitations afin d'aider les missionnaires dans l'instruction des Noirs. A tous, ils inspireront le respect, la soumission, l'amour du travail;

4° Le temps qui devra être consacré à l'instruction des esclaves sera fixé et déterminé par les maîtres de concert avec les missionnaires.

C'est avec conviction que nous le disons: qu'on emploie ce moyen et bientôt des mœurs plus pures naîtront parmi les masses; dans chaque habitation les esclaves ne feront plus qu'une seule famille où régneront l'union et la paix; dévoués et fidèles à leurs maîtres, par un travail assidu ils feront prospérer les ateliers. Conduits par les beaux sentimens qu'inspire une religion toute de charité, traités avec humanité, avec bonté, ils se réjouiront de leur sort. Insensiblement, ils perdront le souvenir de l'esclavage avec celui du fouet.

Instruire les esclaves de leurs devoirs, les rendre heureux avant de les déclarer libres, voilà le grand moyen de *briser leurs chaînes*, tout en leur faisant *supporter patiemment l'esclavage*.

Mais, pour y parvenir, il faut que l'instruction soit unie à l'exercice du culte de la religion, sans lequel l'instruction serait insuffisante pour civiliser l'esclave et le rendre digne de la liberté.

II

Culte.

Point de véritable liberté, point de vraie civilisation sans un culte *vrai et pur*.

La morale ne sera utile à l'esclave qu'autant qu'elle sera attachée à l'exercice du culte de la religion.

CHAPITRE PREMIER.

De la nécessité du *culte de la Religion catholique* pour civiliser l'Esclave.

Tous les peuples, soit que les uns adorassent les légumes (1) de leurs jardins, les autres les feux étincelans du soleil; soit que ceux-ci im-

(1) O sanctas gentes quibus hæc nascuntur in hortis numina!...... (Juvénal.)

immolassent de vils animaux à des divinités bizarres et impures ; soit que ceux-là, enfin, offrissent le sang et les cœurs encore palpitans de victimes humaines à des dieux plus infâmes et plus abominables que leurs sacrificateurs ; tous proclamaient la nécessité d'un culte. « Nous ne connaissons aucune religion sans « *prière*, a dit *Voltaire*, et tous les hommes « dans leurs désirs et dans leurs craintes invo- « quèrent le secours d'une divinité. »

Les législateurs les plus célèbres de l'antiquité ont toujours regardé le culte religieux comme la base de la société et le principe des lois ; aussi ne l'ont-ils jamais séparé de leur législation. C'est sur le culte religieux que sont fondées les lois de *Lycurgue*, de *Numa*, de *Confucius*, de *Zoroastre*. Le culte de la divinité n'est-il pas en effet un moyen bien puissant d'affranchir les peuples, de répandre parmi eux et de conserver les bienfaits immenses de la civilisation? N'est-il pas l'âme de la vie civile, la base première de la félicité des nations?

« Il serait plus difficile, disait *Platon*, de « fonder une république sans religion, que de « bâtir une ville en l'air. » Tout aussi difficile serait de faire des esclaves de bons citoyens et des hommes heureux, parce que « il n'y aurait « plus ni sainteté, ni justice sur la terre, disait

« *Cicéron*, si vous en ôtiez le culte public. »

Les cultes des peuples anciens, impurs, inhumains, si indignes de la divinité, prouvent que ces mêmes peuples si vantés, si célèbres dans l'histoire pour leur civilisation, étaient bien loin encore de la véritable civilisation; car, *point de véritable liberté, point de vraie civilisation sans un culte vrai et pur.*

Mais que sont les esclaves de nos colonies? Des hommes plongés dans les ténèbres de l'ignorance la plus profonde et dominés par des passions aussi viles qu'impérieuses, « *qui* « *ne comprennent pas encore la dignité de* « *l'homme* (1), » des hommes sans aucune idée de sociabilité, livrés à l'instinct d'une nature brutale, voués aux pratiques aussi bizarres que dangereuses que leur inspire le culte superstitieux qu'ils aiment d'autant plus qu'il nourrit et autorise leurs passions effrénées et qu'il les anime dans leurs désirs criminels; culte funeste, sous l'influence duquel ils ne seront jamais convaincus de l'existence du vrai Dieu et de la nécessité de lui rendre le culte qu'il exige.

Cependant, de tous les hommes, le plus indigne de la liberté, le plus incapable de civili-

(1) M. *de Lacharière; de l'Affranchissement des esclaves.*

sation, le plus ennemi des rois et de ses concitoyens, c'est celui qui, regardant le ciel, dit : *Il n'y a point de Dieu!*

Évidemment il faut pour civiliser les esclaves et les rendre heureux, un culte *vrai, pur, saint*, qui soit l'expression naturelle et parfaite du culte intérieur et qui tende essentiellement à le fortifier, à le perpétuer. Il faut pour civiliser les esclaves et les rendre heureux un culte capable d'émouvoir leurs sens, de captiver leur esprit, de toucher leur cœur par l'ensemble majestueux de ses cérémonies, par l'éloquence de ses chants et de ses prières; un culte enfin qui puisse détacher leurs pensées et leurs affections des voluptés terrestres, les élever jusqu'à la divinité et leur inspirer les sentimens qu'ils doivent avoir de leurs destinées sublimes et éternelles. Les esclaves, bien que *noirs*, ont les mêmes destinées que nous : comme nous, ils ont droit au bonheur présent et réel que procure la religion; comme nous, ils peuvent obtenir la félicité future dont Dieu récompense la vertu. Mais où trouver un tel culte, sinon dans une religion essentiellement *vraie*, essentiellement *pure, sainte*, et qui ait Dieu pour auteur? Or, cette religion, c'est la *catholique* (1).

(1) « Cette religion, appelée *barbare*, a dit M. *de*

Religion divine; l'homme-Dieu lui-même l'a fondée et établie pour le bonheur des nations, il l'a affermie par sa mort et fécondée de son sang. « Est-il une religion, a dit *M. Portalis* (1), « mieux assortie à la situation de toutes les « nations policées, et à la politique de tous les « gouvernemens? Cette religion ne nous offre « rien de purement local, rien qui puisse limi- « ter son influence à telle contrée ou à tel siècle, « plutôt qu'à tel autre siècle ou à telle autre

Boulogne, a cependant tiré l'Europe de la barbarie; cette religion monacale a cependant plus fait de bien avec ses moines, que la philosophie avec tous ses académiciens; et une poignée de missionnaires a plus contribué au progrès de la civilisation, que n'aurait pu le faire une armée de mathématiciens et même de chimistes. Cette religion si dure, si inhumaine, a cependant formé en Europe tous les établissemens d'humanité; cette religion, tout occupée d'un autre monde, a cependant, mieux que toute autre, calculé les vrais intérêts de celui-ci; cette religion si humble, si ignorante, si remplie de minuties et de petitesses, a cependant rempli ce monde des plus illustres productions du génie; loin d'en contenir l'essor, elle l'inspire et l'agrandit; l'imagination y puise ses plus touchans tableaux : le sentiment, ses émotions les plus exquises; l'intelligence, ses plus hardies conceptions; et enfin, pleine également d'attraits et de lumière, toute vivante d'espérance et d'amour, elle enchante à la fois et la *vie* et la *mort*. »

(1) *Discours sur l'organisation des cultes.*

« contrée : elle se montre non comme la reli-
« gion d'un peuple, mais comme celle des
« hommes ; non comme la religion d'un pays,
« mais comme celle du monde. »

Religion sublime, qui rappellerait sans cesse à l'esclave qu'il a été tiré des abîmes du néant afin qu'il rendît à son Créateur le culte de l'esprit par la soumission à sa parole éternelle, celui du cœur par l'amour de la vertu et l'horreur du vice, et celui du corps par la pratique des vertus chrétiennes et sociales, qui le maintiendrait dans l'accomplissement de ses devoirs envers Dieu, envers lui-même et envers ses semblables, en lui inspirant un amour véritable pour son créateur, et le désir ardent d'une récompense éternelle, et en excitant en lui une horreur salutaire du crime et une crainte efficace des châtimens éternels.

Religion bienfaisante, elle lui offrirait dans ses amertumes, dans ses peines et dans ses malheurs, des motifs capables de le consoler, de le soutenir ; elle ranimerait ses espérances qu'elle rendrait immortelles, et après l'avoir rendu heureux pendant la vie, elle l'aiderait à descendre dans la tombe, puis lui ouvrirait les cieux.

Religion nécessaire à tous les hommes et spécialement aux esclaves, parce qu'elle est la seule qui soit *pure dans son dogme, sainte dans sa morale, infaillible dans ses promesses.* Elle seule a le droit de dicter à l'homme ses devoirs, de dire aux peuples : *je puis vous rendre heureux;* et à chacun de nous : *je t'ouvrirai les cieux.....* Parce que seule elle a reçu de Dieu même l'assurance solennelle de *l'infaillibilité* et de *l'immortalité;* aussi, puissante et majestueuse, elle domine les siècles. Les trônes s'écroulent, les sceptres se brisent, les couronnes se flétrissent, les rois et les peuples retombent dans la poussière, les nations les plus nombreuses et les plus formidables s'anéantissent; mais la *religion catholique,* assise sur les ruines du monde, couronnée d'immortalité et de gloire, voit à ses pieds l'audacieuse impiété avec toute sa rage et la hideuse hérésie avec ses noires fureurs expirer et s'éteindre.

Le *culte catholique* est donc le plus pur, le plus saint, le plus digne de la divinité et le plus digne de l'homme : conséquemment le seul nécessaire pour civiliser les esclaves, et pour donner à nos colonies une garantie de sécurité et de prospérité. Eh! quel culte dont l'origine soit plus auguste, l'antiquité plus respectable, qui convienne mieux à la nature de l'homme et qui soit plus propre à civiliser des esclaves? En effet, intimement lié à la vertu et à la morale, le *culte catholique* unit les hommes à Dieu par la charité, chaîne merveilleuse qui naît de la bonté du créateur et des adorations de la créature; par le plus saint et le plus auguste des sacrifices, et par les sacremens « qui sont, a dit « *Goëthe* (1), ce que la religion a de plus haut, « parce qu'ils offrent les symboles visibles de « l'amour et des grâces extraordinaires de « Dieu. »

Il unit les peuples et entretient parmi eux les principes d'humanité, de fraternité, de tolérance, de paix et de justice. « La religion « chrétienne, a dit *Montesquieu* (2), par l'établissement de la charité, par un *culte public*, « par la participation aux mêmes sacremens, « semble demander que tout s'unisse. »

Et quel lien de société plus fort, plus sacré que ce culte qui réunit les hommes au pied des autels de la divinité pour leur inspirer les beaux sentimens de la *véritable liberté*, et de la *vraie fraternité?*

Tout dans le *culte catholique* élève l'homme et le console. Tout lui rappelle l'auteur et l'arbitre de ses destinées, tout le porte à lui rendre des hommages, à lui offrir des sacrifices.

(1) Voyez son ouvrage, intitulé *Ma Vie*, tom. II.

(2) *Esprit des Lois*, liv. XIX, ch. XVIII.

Qu'elle est puissante la prière du culte catholique! Qu'elles sont belles, augustes et saintes ses cérémonies! « Dans le *culte catholique*, dit encore *Goëthe* (1), un cercle de cérémonies « saintes, dont la beauté surpasse toute autre « beauté, unit étroitement, quelque éloignés « qu'ils soient l'un de l'autre, le berceau et la « tombe du chrétien. »

Les rites de notre culte ne seront point pour l'esclave vains et stériles; expression pleine de vie de l'union qui existe entre l'homme vertueux et la divinité, motifs aussi purs que touchans d'union et de charité entre les hommes quelle que soit leur *couleur*, ils contribueront à sa consolation et à sa félicité. Toujours ils feront sur son esprit et sur son cœur des impressions aussi vives que salutaires: « Les absurdes rigoristes en religion, disait *Diderot* (2), ne connaissent pas l'effet des cérémonies extérieures sur le peuple. Ils « n'ont jamais vu notre adoration de la Croix, « le vendredi saint; l'enthousiasme de la multitude à la procession de la Fête-Dieu, enthousiasme qui me gagne moi-même quelquefois. « Je n'ai jamais vu cette longue suite de prêtres en habits sacerdotaux, ces jeunes acoly-

(1) Voyez son ouvrage, intitulé *Ma Vie*, tom. II.

(2) *Essais sur la Peinture.*

« tes vêtus de leurs aubes blanches, ceints de « leurs larges ceintures bleues, et jetant des « fleurs devant le Saint-Sacrement ; cette foule « qui les précède et qui les suit dans un silence « religieux ; tant d'hommes prosternés le front « contre la terre ; je n'ai jamais entendu ce « chant grave et pathétique, entonné par les « prêtres et répondu affectueusement par une « infinité de voix d'hommes, de femmes, de « jeunes filles et d'enfans, sans que mes en-« trailles ne s'en soient émues, n'en aient tres-« sailli, et que les larmes ne m'en soient venues « aux yeux. Il y a là-dedans je ne sais quoi de « sombre, de mélancolique. J'ai connu un « peintre protestant qui avait fait un long sé-« jour à Rome, et qui convenait qu'il n'avait « jamais vu le Souverain Pontife officier dans « Saint-Pierre, au milieu des cardinaux et de « toute la prélature romaine, sans *devenir ca-« tholique*...

« Supprimez tous les symboles sensibles, et le « reste se réduira à un galimatias métaphysique « qui prendra autant de formes et de tournures « bizarres qu'il y aura de têtes. »

Partout où l'étendard de la croix, ce signe sacré de liberté et de civilisation, a été arboré, le *culte catholique* a répandu sur les nations ses bienfaits immenses et toujours renaissans ; et il est vrai de dire que l'on doit à sa puissance et à son influence ces prodiges si surprenans qui se multiplièrent chez ces peuples sauvages que l'on vit, de l'état de férocité, passer comme par enchantement à celui de société. Ces prodiges ne se renouvellent-ils pas encore de nos jours? Qu'on parcoure l'histoire de ces contrées, barbares depuis tant de siècles et sur lesquelles se lève aujourd'hui la lumière vivifiante de l'Évangile, et facilement on sera convaincu que la morale n'est utile aux hommes qu'autant qu'elle est attachée à l'exercice du culte de la religion; que sans culte l'instruction religieuse et morale sera impuissante pour préparer à la liberté et pour civiliser les masses esclaves de nos colonies; mais qu'unie à ce culte consolateur et bienfaisant, elle opérera des prodiges.

Le culte de la religion est donc absolument nécessaire pour assurer la prospérité de nos colonies et pour procurer aux esclaves une vraie liberté. En effet, quels moyens pourrait-on employer pour en faire des hommes, de bons citoyens amis de l'ordre et de la justice qui n'usassent de la liberté que pour leur bonheur et celui de la société; en un mot, pour en faire des *libres laborieux?*

Ils étaient bien convaincus que le bonheur des esclaves et la prospérité de nos colonies dépendaient essentiellement de la profession de la religion catholique et du libre exercice de son culte, nos rois, protecteurs zélés de nos possessions d'outre-mer. Dans leurs édits, ils disaient :

« Tous les esclaves qui seront dans nos isles « seront baptisés et instruits dans la *religion* « *catholique, apostolique et romaine*. Enjoi- « gnons aux habitans qui achèteront des nè- « gres nouvellement arrivés, d'en avertir le « gouverneur et l'intendant desdites isles dans « huitaine au plus tard, à peine d'amende ar- « bitraire ; lesquels donneront les ordres né- « cessaires pour les faire instruire et baptiser « dans le temps convenable (1).

Toussaint-Louverture, ce chef des noirs à qui le *Directoire* fit présent d'un *sabre* et d'une *paire de pistolets*, instruit par l'expérience qu'il ne pouvait contenir les masses à la tête desquelles il se trouvait, ni réprimer les séditions, ni inspirer de vrais sentimens d'union et de paix sans le secours de *la religion et du culte catholiques*, s'empressa de proclamer cette religion la *religion de l'état* (2).

(1) *Code Noir*, édit du roi touchant la police des îles de l'Amérique française, art. II.

(2) Voyez son *Réglement*.

Bonaparte, ce grand homme, qui mieux que personne savait que la *religion* et le *culte catholiques* étaient un moyen bien puissant pour unir les noirs, les rendre redoutables et soumis aux lois du gouvernement, écrivait ainsi à *Toussaint Louverture* : « Si le pavillon français flotte « sur Saint-Domingue, c'est à vous et à vos « braves noirs qu'il le doit. Appelé par vos ta- « lens et la force des circonstances au premier « commandement, vous avez détruit la guerre « civile, remis en honneur la *religion* et le *culte* « *de Dieu, de qui tout émane* (1)... »

Voulez-vous une nouvelle preuve de la nécessité du culte de la religion pour opérer avec bonheur l'affranchissement des esclaves? considérez les colonies anglaises : avec quel zèle les *différentes sectes* invoquent le secours de leurs *différens cultes*...

« Représentans du peuple, disait *Dubruel* (2) « à la Convention, l'opinion publique a pro- « noncé son vœu, et c'est l'opinion publique « qui doit toujours dicter vos lois; car les lois « doivent être toujours l'expression de la vo- « lonté générale. Or, que vous dit l'opinion?

(1) *Lettre de Bonaparte à Toussaint Louverture*, 1800.

(2) Voyez son *Rapport à la Convention*, au mois de juin 1797.

« Que les Français veulent absolument leurs « *temples*, leurs *autels*, et leurs *ministres*... »

« *Mandataires du peuple*, disons-nous, au« jourd'hui, « l'opinion publique a prononcé « son vœu, et c'est l'opinion publique qui doit « toujours dicter vos lois ; car les lois doivent « être toujours l'expression de la volonté géné« rale. » « Or, que vous dit l'opinion? *qu'il faut avant d'affranchir les esclaves, les rendre dignes de la liberté, en faire des hommes, de bons citoyens ;* elle vous dit : *qu'il ne faut pas que la liberté de l'esclave devienne la ruine du maître et celle des colonies ;* elle vous dit : *que l'humanité, la justice et la religion veulent qu'elle soit pour tous une cause et une garantie de sécurité, de prospérité et de bonheur.* »

« Or, pour obtenir des résultats aussi pré« cieux, établissez le culte de la religion parmi « les masses esclaves de nos colonies; parce « que sans culte point de religion possible, « sans religion point de morale, sans morale « point de bonnes mœurs, et sans mœurs ja« mais de *vraie liberté*, jamais de civilisation; « mais le plus *affreux esclavage*, le règne de « tous les crimes. »

CHAPITRE DEUXIÈME.

Des avantages que le culte de la Religion procurerait aux Esclaves et aux Colonies.

« L'établissement du culte public et solennel, « a dit le savant auteur de l'*Origine des lois*, « est, sans contredit, ce qui a le plus contribué « à humaniser les peuples, à maintenir et à « affermir les sociétés... »

C'est aussi, assurément, ce qui contribuera le plus à civiliser les esclaves, à les rendre heureux, et à procurer à nos possessions d'outre-mer une garantie certaine de sécurité et de prospérité ; et cela, en détruisant la superstition, en rendant durable l'union entre le maître et l'esclave, entre toutes les familles ; en attachant les esclaves à leurs maîtres et en les fixant dans nos colonies.

Le premier avantage que procurerait l'exer-

6

cice du culte de la religion, serait de détruire le penchant des noirs pour la superstition. Ce penchant, ou plutôt cet amour pour des pratiques superstitieuses qui favorisent leurs passions, est un des plus grands obstacles à leur civilisation. Affranchir des esclaves superstitieux, ne serait-ce pas, en effet, donner à la société des citoyens dangereux, qui, tôt ou tard, deviendraient pour elle une calamité?

De tout temps, la superstition a été un fléau pour la société, parce qu'elle conduit au fanatisme et qu'elle l'entretient.

Non, je ne me croirais pas en sûreté auprès d'un fanatique superstitieux; toujours je craindrais le coup de poignard.

Vendus aux Européens par leurs injustes et barbares vainqueurs, des esclaves d'Afrique ont été transportés dans les contrées de l'Amérique, où ils sont devenus la propriété des habitans. Ces infortunés n'ont point déposé sur les rivages africains qu'ils abandonnaient pour toujours leurs affections ni leur amour pour la superstition dans laquelle ils ont été élevés et nourris, et qu'autorisait l'exemple de leurs chefs et de tous ceux au milieu desquels ils vivaient. Aujourd'hui ils ont encore généralement ce penchant, cet amour pour des pratiques qu'inspire la superstition, et qui sont si funestes aux bonnes mœurs. Eh! comment, vivant sans un culte vrai et pur, les auraient-ils perdues? Comment auraient-ils oublié les exemples de leurs parens, livrés non seulement à la superstition, mais encore à l'idolâtrie qui règne dans ces vastes contrées d'Afrique que n'éclaire point encore le flambeau vivifiant de l'Évangile? Ah! combien de ces peuples *adorent* (1), vils esclaves qu'ils sont, ceux qu'ils appellent *rois!* Ces *rois* cependant ne sont que des tyrans barbares qui baignent leurs pieds dans le sang de leurs sujets, qui, dans des cérémonies abominables, immolent un très grand nombre de *victimes humaines, et de leur sang encore fumant arrosent les tombeaux de leurs ancêtres* (2). Ty-

(1) Voyez *Voyage à la côte de Guinée*, etc.; par P. Labarthe, auteur du *Voyage au Sénégal*, pag. 134.

(2) « Le 14 février (1788), dit M. *Gourg*, j'arrivai à Beaumé. Je vis sept noirs attachés à des poteaux sous un hangar; ces noirs étaient destinés à être sacrifiés aux mânes du père du roi.

« Le 15, à sept heures du soir, j'entendis un tambour dont le son lugubre annonçait la cérémonie cruelle qui allait avoir lieu. Ce même soir, on sacrifia, non seulement les sept hommes attachés sous le hangar, avec un nombre égal de chevaux, mais encore beaucoup d'autres.

« Le 16, à sept heures du matin, le roi m'envoya cher-

rans injustes et voluptueux qui profitent de la crédulité, de la superstition et de l'idolâtrie de ces peuples pour les faire gémir dans le plus honteux esclavage... *Rois* dignes des fers, qui, pour une pièce d'étoffe ou un baril d'eau-de-vie, livrent aux chaînes des Européens leurs sujets

cher pour assister aux cérémonies; il était huit heures et demie lorsque je fus rendu. En entrant chez le roi, je trouvai qu'on avait placé, de chaque côté de la porte, trois têtes de nègre qu'on venait de couper; il y en avait autant à une autre porte, ce qui faisait douze têtes en tout.

« Dans le marché, on avait suspendu à une grande potence, et par les pieds, un noir que l'on avait étranglé; il y en avait un second à l'autre extrémité du marché.

« Ces horribles sacrifices s'exécutent au moment où le roi sort de sa case; ce prince *baigne ses pieds dans le sang de ces malheureux*. Il se rend ensuite au marché où le sang de ceux qui sont suspendus découle sur son hamac et sur ses pagnes.

« Le 17, à sept heures du soir, j'entendis encore le tambour qui annonça le sacrifice du dernier jour des coutumes. On tua dix hommes, dont les têtes furent attachées aux portes du palais du roi, et quinze autres qu'on suspendit au marché. Les corps furent emportés et jetés dans les champs où ils servirent de pâture aux panthères et aux oiseaux de proie, à l'exception de ceux qui furent suspendus aux gibets, et qui y restèrent jusqu'à ce que la putréfaction les fît tomber; et celui qui en

les plus paisibles et même leurs plus fidèles amis (1)...

Puisse l'infâme commerce de chair humaine être à tout jamais aboli !.......

Ah ! quand luira le jour où ces peuples trop malheureux ne gémiront plus sous le joug injuste et barbare de leurs tyrans, où ils verront à leurs pieds leurs chaînes pour toujours brisées ; où enfin, entourant l'autel de la religion, ils béniront par des cantiques d'amour et de reconnaissance le vrai Dieu, dont le culte sacré et divin les rendrait heureux !.......

Puisse ce jour, que nous appelons de tous nos vœux, se lever bientôt sur ces infortunées contrées !.......

Que la France, qui veut briser les chaînes de ses esclaves de manière à rendre leur liberté un bienfait réel, et pour eux, et pour les colonies, et pour la société, se hâte donc de leur procu-

rapporte les têtes au roi, reçoit ordinairement cinq cabeches de *cauris*, ou 50 *francs*.

« Les nègres que l'on sacrifie ainsi, sont ou des malfaiteurs ou des prisonniers ; mais il faut si peu de chose pour être criminel aux yeux du roi, qu'on ne peut s'empêcher de plaindre ces malheureux. » (Extrait du *Voyage à la Côte de Guinée*, etc. ; par P. Labarthe.)

(1) Voyez *Observations sur la traite des Noirs ;* par C. D. Wadstrom, ch. 4.

rer le bienfait du culte de la religion. Bientôt, affranchis de l'ignorance et de la superstition, ils détruiront leurs fétiches, ils auront horreur de ces pratiques qui sont la cause de leur dégradation, de leur avilissement, et avec nous ils adoreront et ils béniront le vrai Dieu.

Il est de l'essence d'un culte vrai et pur d'affranchir l'homme de la superstition et de lui inspirer la véritable piété.

Pour contribuer efficacement au bonheur des noirs et à la prospérité des colonies, il faut affermir et rendre durable l'union entre le maître et l'esclave, entre toutes les familles. Or, qui peut mieux que le culte de la religion rendre cette union réelle et durable? En effet, dominés par l'influence de ce culte divin, qui resserre de plus en plus et sanctifie les liens naturels qui unissent les hommes entre eux, livrés aux pratiques si douces, si consolantes qu'il prescrit, ils aimeront et béniront Dieu; convaincus de son pouvoir infini sur toutes les créatures, et de leur dépendance absolue envers lui, ils s'empresseront de lui rendre le tribut sacré de prières, d'adoration que leur impose le double lien qui les unit à lui, celui de la nécessité et celui de la reconnaissance. Dès lors, les esclaves seront pleins de respect, de soumission envers leurs maîtres qu'ils regarderont comme les représentans de la divinité. Et tant qu'ils rendront à Dieu le culte qui lui est dû, ils s'acquitteront envers leurs maîtres de la dette rigoureuse que leur imposent la justice et la religion, celle d'être laborieux et fidèles.

Le maître pourvoit à tous les besoins de l'esclave et à ceux de toute sa famille : l'esclave lui doit donc la fidélité et le travail.

L'union qui doit exister entre l'esclave et le maître naît de la soumission et de la fidélité du premier envers son maître, de l'équité et de la bienveillance du maître envers son esclave : or, est-il un autre moyen de rendre stable cette union que le culte de la religion, qui influe avec tant de puissance et sur l'esprit et sur le cœur, qui élève l'homme jusqu'à la divinité pour l'adorer, le fait descendre jusqu'à lui-même pour s'aimer, et jusqu'à ses semblables pour les consoler, les secourir, les aimer comme des amis et des frères ; qui sans cesse rappelle à ceux qui commandent, l'humanité, la justice, la bonté, et à ceux qui obéissent la soumission, la fidélité, le dévoûment ? Ici, invoquons l'expérience : a-t-on jamais vu un esclave fidèle à rendre à Dieu le culte qu'il lui doit, devenir l'ennemi de son maître, lui refuser la soumission et le travail ? et, au contraire, les plus indisciplinés, les plus infidèles, les plus libertins, les plus ennemis du travail et de leur maître, ne sont-ce pas ceux qui ne rendent aucun culte à Dieu, mais bien à leurs fétiches?

Évidemment, ceux d'entre les hommes qui de sang-froid égorgent leurs semblables, qui percent le cœur des rois, qui se poignardent eux-mêmes, ne rendent point à Dieu un vrai culte. « Si vous avez connu des hommes coupa-« bles de grands forfaits, rappelez-vous s'ils « n'ont pas commencé par manquer à Dieu, « avant de manquer aux hommes; observez « attentivement ce concours si frappant du dé-« bordement de tous les vices et de tous les « crimes avec la cessation du *culte public*, avec « les leçons, les progrès et tous les scandales « de l'impiété (1). »

Non seulement l'exercice du culte rendrait stable l'union entre le maître et l'esclave, mais encore il rendrait plus forts et plus sacrés les liens qui doivent unir les membres des familles et les familles entre elles.

.... « L'enfant a des rapports naturels « avec le père, les sujets avec le souverain. « Ces rapports constituent la famille et la « société; et la religion n'est non plus que « la société de Dieu et de l'homme. Si nos

(1) *Etrennes Religieuses*, 1802.

« devoirs envers nos semblables en font par-
« tie, c'est qu'ils dérivent nécessairement de
« nos devoirs envers Dieu, de la volonté du
« pouvoir suprême, à qui nous devons obéis-
« sance par cela seul que nous existons. Nulle
« société donc, nul ordre sans religion. Aussi,
« remarquez que, sitôt que l'on nie les rap-
« ports entre Dieu et l'homme, on est contraint
« de nier également les rapports entre le sou-
« verain et le sujet, entre le père et l'enfant;
« on est contraint de détruire toute société,
« et l'élément même de la société, qui est la
« famille (1). »

Mais qui entretiendra parmi les masses esclaves, qui rendra saints et puissans ces rapports des enfans avec leurs pères, des familles entre elles? « Sera-ce une religion de pur senti-
« ment, qui serait une religion sans langage,
« sans voix, songe fugitif qui échapperait éter-
« nellement à l'intelligence (2)? » Non, sans doute, mais une religion toute de vérité, qui éclaire, qui vivifie et qui sanctifie les actions de l'homme; une religion dont le culte réunissant les esclaves aux pieds des autels, leur montre dans

(1) *Essai sur l'indifférence en matière de Religion*, tom. II, ch. XVI, pag. 106.

(2) *Ib.*, ch. XVII, pag. 128.

tous les hommes, quelle que soit leur couleur, des amis, des frères, nés pour les mêmes destinées; l'une de s'aimer, de se secourir mutuellement pendant cette vie, d'y jouir ensemble des bienfaits de la liberté et de la société; l'autre de posséder au delà du tombeau une heureuse immortalité, digne récompense de la vertu.

Les habitans de Sainte-Croix n'ont point encore oublié les services signalés que rendit dans cette île danoise M. l'abbé *Duhamel.* Refusant d'obéir aux volontés de la république, qui, cependant, donnait ses décrets au nom de la *liberté,* de l'*égalité* et de la *fraternité,* ce zélé missionnaire fut obligé d'abandonner la Guiane française, où il exerçait, avec autant d'ardeur que de succès, les pénibles fonctions du ministère apostolique. Il se rendit à *Sainte-Croix.* A peine M. *O'Ferrall* eut appris son arrivée, que, connaissant déjà le beau dévouement de ce pieux missionnaire, il le pria instamment de venir demeurer sur son habitation. Les esclaves de cette habitation, appelée *Montpellier,* vivaient dans la plus grande insubordination. Aussi prudent qu'éclairé, M. *Duhamel* apprit d'abord avec bonté à ces hommes indisciplinés, les premières vérités de la religion; il leur fit bien comprendre l'obligation du travail. « Dieu vous « voit, leur disait-il souvent; il vous entend.

« Rappelez-vous bien qu'il vous promet le ciel
« si vous êtes vertueux, soumis, laborieux ;
« et qu'au contraire il vous châtiera éternelle-
« ment si vous n'obéissez pas à vos maîtres, si
« vous ne les respectez pas, si vous refusez
« de travailler, si, surtout, vous ne rendez
« pas fidèlement à Dieu le culte que vous lui
« devez. »

M. l'abbé *Duhamel* qui, instruit par l'expérience, était convaincu que l'instruction sans l'exercice du culte de la religion était toujours insuffisante, impuissante, qui connaissait d'ailleurs les grands avantages que procure aux esclaves et aux contrées qu'ils habitent l'instruction unie à l'exercice du culte, établit aussitôt la prière publique et les autres pratiques du culte qui tout à la fois sanctifient l'homme et le rendent heureux; il réunissait les nombreux esclaves de Montpellier dans la chapelle de cette habitation. Là, il célébrait avec pompe au milieu d'eux le plus grand, le plus auguste des sacrifices ; il entonnait de saints cantiques en l'honneur de celui qui est le créateur et le père de tous les hommes; là aussi et fréquemment il leur adressait de touchantes instructions sur leurs obligations envers Dieu et envers leurs maîtres ; sur leurs devoirs envers eux-mêmes et envers leurs semblables.

Un changement aussi prompt que merveilleux s'opéra bientôt sur cette habitation. Avec quel empressement les esclaves se rendaient à la chapelle pour y faire la prière! Avec quel plaisir ils allaient aux ateliers en chantant des cantiques! Tous avec ardeur se livraient au travail, tous aimaient leur maître; aussi en peu d'années cette habitation devint une des plus florissantes du pays. Tous les nègres se marièrent, toutes les familles vivaient dans l'union la plus parfaite; ils élevaient leurs enfans dans la crainte de Dieu et l'amour du travail.

M. Duhamel passa six années dans l'habitation de Montpellier, mais il ne borna pas à elle seule les efforts de son zèle que Dieu, si visiblement, bénissait. Il travailla dans plusieurs autres habitations où il obtint des succès aussi prompts qu'heureux.

Il fut grand le regret des habitans lorsque ce missionnaire qu'animait une foi sublime et une charité ardente, abandonna Sainte-Croix pour aller exercer ailleurs son zèle généreux et bien digne d'un apôtre.

Aussitôt que les esclaves apprirent que leur *père* devait les abandonner, la consternation fut générale. Le jour de son départ, les esclaves de Montpellier et ceux des autres habitations vinrent en foule sur son passage le conjurant de ne point les abandonner. Ah! *Père!* « lui disaient des mères, en lui présentant « leurs enfans, c'est toi qui les a baptisés et tu « les abandonnes! Qui les instruira?..... Nous « allons bientôt mourir, s'écriaient avec dou- « leur de bons vieillards, et tu nous abandon- « nes?..... Ah! *Père!* lui répétait cette foule « d'esclaves, c'est toi qui nous as appris à servir « le bon Dieu, à obéir à nos maîtres, c'est toi « qui bénissais notre travail, et tu nous aban- « donnes!..... Non, *Père*, ne nous quitte pas, « demeure avec nous. »

Les protestans eux-mêmes rendaient témoignage au zèle du missionnaire et à la *puissance* du culte catholique. Un des habitans disait, quoique protestant: « Je donnerais bien volon- « tiers un bon revenu, un bon logement, un « bon cheval; à un missionnaire comme *M. Du-* « *hamel*; et bien volontiers je lui ferais bâtir « une chapelle (1). »

Le culte catholique est le seul qui puisse attacher les esclaves à leurs maîtres et les fixer dans nos colonies. Philantropes qui en doutez et qui dites avec assurance: *Il n'y a pas de bonheur possible pour les noirs tant qu'ils seront escla-*

(1) Ces détails si consolans, nous les tenons d'un témoin oculaire et ami de M. Duhamel.

ves; ne vous êtes-vous jamais trouvés au milieu d'esclaves agissant sous l'influence si salutaire et si puissante de ce culte divin? N'avez-vous jamais entendu la prière simple, mais sincère, que leur cœur adresse au ciel et que leur bouche aime tant à redire? Et ces chants religieux qui leur causent tant de plaisir, n'ont-ils donc jamais frappé votre oreille, charmé votre esprit, touché votre cœur? Non, les prières consolantes qu'ils adressent à Dieu, ni les pieux cantiques qu'ils répètent, ni leur fidélité aux exercices du culte de la religion ne ralentissent leur ardeur pour le travail ni ne diminuent leur respect, leur soumission envers leurs maîtres; bien au contraire, le travail est mieux fait et plus promptement: ces bons esclaves devenus plus fidèles, depuis qu'ils pratiquent les devoirs de la religion, ne cessent de donner des preuves de leur respect et de leur soumission à leurs maîtres qu'ils regardent comme les représentans de la divinité, qu'ils aiment comme leur père commun et qu'ils entourent de leur vénération.

Assurément, ceux qui prétendent que la religion ne peut rendre heureux les noirs, s'ils ne sont libres, n'ont jamais vu une nombreuse famille d'esclaves réunie dans une humble case, agenouillée au pied d'une croix, ou devant une image de la Vierge. Oh! que de bon cœur ils prient, et pour eux et pour leur maître? N'étant point tourmentés par ces nombreux désirs qui naissent des besoins et du luxe, sachant se contenter de bien peu, ils sont heureux. Leurs affections sont vraies et pures, et leur joie est dans la case où ne pénètre point l'ambition, la haine, ni le désir de la vengeance, ni le hideux libertinage. Rien ne trouble le calme, la douce union et le bonheur vrai de cette famille. Philantropes, cette famille est cependant esclave; mais a-t-elle des *chaînes?* Non puisqu'elle est heureuse. Que réclamez-vous donc pour elle? La *liberté :* mais *libre,* sera-t-elle plus heureuse? Non, sans doute, puisqu'elle l'est réellement dans son état de servitude.

Eh bien! donnez aux colons le temps de rendre leurs esclaves heureux en leur procurant le bienfait de l'instruction, les consolations et l'exercice de la religion, et vous proclamerez la liberté sans crainte aucune; parce qu'alors les esclaves ne seront point sensibles à une liberté qu'ils auront appris à connaître et qu'ils prévoiront ne pouvoir augmenter leur contentement, ni le bonheur dont ils jouissent auprès de leurs maîtres qui les traitent avec justice et avec bonté. Ils aimeront mieux, quoique libres, continuer à bénir ensemble dans l'humble case, le Dieu qui remplit leur cœur de consolation, cultiver leur jardin en fredonnant un air pieux, obéir à un maître qu'ils respectent, qu'ils aiment comme un père et dont ils sont sincèrement aimés.

C'est alors que la *transition* de l'esclavage à la liberté serait *heureuse* pour tous.

CHAPITRE TROISIÈME.

Des moyens d'établir et d'affermir le culte de la Religion parmi les Esclaves.

Les prédicateurs de la religion du Christ, ces hommes si dignes de l'immortalité, qui, pour briser les chaînes de leurs frères, les civiliser, ont si généreusement prodigué, sacrifié leur vie; persuadés qu'il était absolument impossible de procurer aux nations une vraie liberté, et les avantages de la civilisation, sans des temples bâtis et des autels élevés au vrai Dieu, les multipliaient au milieu des peuples qu'ils appelaient à l'état social. N'est-ce pas en effet dans les temples sanctifiés par la présence même de la divinité que la parole de vie devient toute puissante, que s'opère la réconciliation la plus sublime, celle de l'homme avec Dieu?

N'est-ce pas aux pieds des autels que les haines s'éteignent, que les hommes deviennent *frères*, que les peuples s'unissent par des liens aussi doux que forts, ceux de la religion? Est-il d'ailleurs un autre moyen d'établir le culte de la religion parmi les hommes?

« Je le dis pour le bien de ma patrie, je le « dis pour le bonheur de la génération pré« sente, et pour celui des générations à venir, « le scepticisme outré, l'esprit d'irréligion trans« formé en système politique, est plus près de « la barbarie qu'on ne le pense.

« Les habitans de nos campagnes n'offri« raient bientôt plus que des hordes sauvages, « si, vivant isolés sur un vaste territoire, la re« ligion, en les appelant dans les *temples*, ne « leur fournissait de fréquentes occasions de « se rapprocher, et ne les disposait ainsi à « goûter la douceur des communications so« ciales (1). »

Mais si les habitans de nos campagnes, qui jouissent de la liberté et qui ont la connaissance de leurs devoirs, deviendraient néanmoins bientôt des hordes sauvages s'ils étaient privés de temples, quel serait l'avenir des esclaves de nos

(1). Le conseiller d'état Portalis; *Discours sur l'organisation des cultes.*

colonies qui, loin d'avoir la connaissance de leurs devoirs n'en ont pas même une idée vraie, et qui vivent sans notion aucune de sociabilité? Que deviendraient ces masses esclaves si, surtout, par une liberté *prématurée*, on venait à briser les liens qui peuvent encore les retenir dans la soumission et dans l'amour du devoir?

Les temples sont donc absolument nécessaires aux esclaves, puisqu'il n'est point d'autre moyen possible d'établir, d'affermir parmi eux le culte de la religion, sans lequel point de liberté véritable, point de vraie civilisation; les besoins, le bonheur de l'esclave réclament ce bienfait, comme aussi la sécurité et la prospérité de nos colonies.

En parlant des colonies anglaises M. *John Innes* s'exprime ainsi: « Les moyens actuels « d'instruction sont tout-à-fait insuffisans, les « colons se sont soumis à de grandes dépenses « pour bâtir des églises et pourvoir aux besoins « du clergé; mais, dans quelques districts, le « manque d'églises se fait sentir d'une manière « déplorable (1).

Aujourd'hui plus que jamais le gouverne-

(1) *Rapport d'un témoin oculaire sur la marche du système d'émancipation des Nègres dans les Antilles anglaises*, pag. 17.

ment anglais, ce gouvernement si *éminemment philantrope* reconnaît la nécessité d'un culte et celle de multiplier les églises, comme un moyen efficace de contenir ces milliers d'esclaves, dont, *bien trop tôt*, il a brisé les chaînes.

La France, plus sage et plus prudente que l'Angleterre, fera aussi mieux qu'elle. Elle n'attendra pas que le bill d'affranchissement ait été lancé au milieu des masses esclaves, pour établir et affermir parmi elles le culte de la religion. Incessamment elle s'occupera de ce grand moyen de civilisation, de sécurité, de prospérité et de bonheur pour tous.

Les habitans de nos colonies qui, quoi qu'en disent certains philantropes, seront toujours prêts à contribuer, autant qu'il sera en leur pouvoir, au bonheur de leurs esclaves, étant pour la plupart fort éloignés des églises de paroisse, ne peuvent souvent que difficilement les y envoyer ; mais si les esclaves ne peuvent fréquenter les églises de paroisse, déjà si peu nombreuses, comment établir et affermir parmi eux le culte de la religion, puisque sans autel point de culte? *Qu'il y ait dans chaque habitation une chapelle* ; voilà le moyen facile et assuré de remédier aux plus grands inconvéniens, d'établir d'une manière durable et utile à tous le culte de la religion parmi les esclaves. Ce serait dans ce lieu saint qu'on ferait la prière, que le missionnaire annoncerait l'Évangile avec plus d'autorité et de succès ; c'est là qu'il réunirait les nombreux ateliers pour les instruire de leurs devoirs et leur inspirer à tous les sentimens de respect, de soumission envers leur maître, et l'amour du travail ; c'est là qu'il bénirait les liens sacrés et indissolubles du mariage ; c'est là qu'il appellerait l'esclave coupable au repentir, et qu'il exciterait dans son cœur l'amour de Dieu et de ses semblables.

Veut-on que les noirs soient heureux, que la vie des maîtres soit assurée, que nos colonies jouissent d'une grande tranquillité ? qu'on donne aux esclaves des *maisons de prière ;* qu'ils y viennent librement adorer leur Créateur, l'auteur et l'arbitre de leurs destinées ; qu'ils y viennent exprimer leur amour et leur reconnaissance au *Dieu qui est indulgent envers tous, parce qu'il est le père de tous; qui a pitié de ceux qui le craignent, comme un père a pitié de ses enfans ;* qu'animés de la plus vive confiance, ils y invoquent le *Dieu plein de bonté, riche en patience et en miséricorde, qui fait justice à l'orphelin et à la veuve, qui protège l'étranger, qui lui donne la nourriture et le vêtement, qui a pour agréable tout homme qui le craint et qui pratique la vertu, de quelque nation qu'il soit;* qu'ils y viennent avouer leurs crimes au *Dieu qui sonde le cœur humain et qui en pénètre les replis les plus cachés, pour qui il n'est pas de pensées secrètes, et à qui nulle parole n'échappe.*

D'ailleurs, comme le reste des hommes, l'esclave éprouve des peines, des afflictions. Or, est-il une consolation plus douce, plus réelle, que celle qu'il goûterait aux pieds des autels? Ah! qu'il est consolant pour l'homme affligé d'épancher son cœur dans le cœur d'un Dieu! C'est là qu'il serait soutenu, fortifié par cette vérité de la religion: *Que quiconque rend à Dieu le culte qui lui est dû, peut être assuré que s'il est éprouvé pendant sa vie, il en recevra un jour la récompense; que s'il est dans l'affliction, il sera consolé; et qu'enfin si Dieu le châtie, il obtiendra un jour miséricorde.*

De tout temps les nègres ont aimé nos fêtes, et leur goût pour les cérémonies de l'Eglise s'est toujours fait remarquer par une grande assiduité aux offices, et par un profond respect dans les temples. « Les jours de fêtes étaient « pour les nègres des jours de délassement, a « dit M. l'abbé *Le Grand, préfet apostolique de « la Guiane française.* Les cérémonies de l'E- « glise leur plaisaient; ils y chantaient volon-

« tiers ; ils écoutaient les instructions avec « d'autant plus de plaisir qu'elles s'adressaient « à eux (1). »

Quelle foule de faits, tous plus édifians, prouvent combien sont vives et salutaires les impressions que fait sur l'esprit et sur le cœur des esclaves le culte de la religion, les douces consolations qu'il leur procure et les sentimens sublimes qu'il leur inspire !... « La religion ca« tholique est très convenable pour un pareil « objet, a dit M. de *Lacharière* (2) ; elle va « droit au cœur, et ses pompes parlent singu« lièrement aux sens.

« J'ai eu souvent occasion de me convaincre « que les nègres y étaient très sensibles. Le di« manche des Rameaux est pour eux une des « plus grandes solennités. Ils ne manquent pas « de se rendre à l'église avec des branches « pour les faire bénir. J'aime à aller au devant « de mes esclaves les plus âgées, lorsqu'au re« tour de l'office elles viennent les déposer « dans leurs cases. Il y a sur leur visage un « contentement qui ne tient pas de la terre et « que ne sauraient donner tous les biens de ce

(1) *Mémoire sur la mission de la Guiane*, 1817.

(2) *De l'Affranchissement des esclaves dans les colonies françaises*, pag. 119.

« monde ; il se passe dans l'âme de ces pau-
« vres femmes des choses inconnues à bien des
« philosophes : l'amour de Dieu et du pro-
« chain, la haine du péché, l'espérance d'une
« vie future, une foule d'idées qui ne trouve-
« raient pas de passage par leur raison, se
« groupent autour de ces rameaux bénis, et
« de là se répandent dans leurs cœurs. Nous ne
« cesserons donc de le répéter, c'est à la reli-
« gion qu'il appartient d'opérer la transition dif-
« ficile de l'esclavage à la liberté; certes, cette
« mission est digne du clergé français. »

Qu'on ne dise point qu'il serait facile de civiliser l'esclave, de le rendre heureux, de procurer à nos colonies la sécurité et même la prospérité, sans qu'il soit nécessaire d'assujétir les nègres au culte catholique :

« Nous convenons, a dit le célèbre *Porta-*
« *lis* (1), que le catholicisme a plus de rites que
« n'en ont d'autres cultes chrétiens ; mais cela
« n'est point un inconvénient : car on a judi-
« cieusement remarqué que c'est pour cela
« même que les catholiques sont plus invinci-
« blement attachés à leur religion. » . . .

. . . « On se rassemble, on se voit dans
« les jours de repos. En se fréquentant on con-

(1) *Discours sur l'organisation des cultes.*

« tracte l'habitude des égards mutuels. La jeu-
« nesse qui cherche à se faire remarquer étale
« un luxe innocent qui adoucit les mœurs plu-
« tôt qu'il ne les corrompt. Après les plus rudes
« travaux, on trouve à la fois l'instruction et le
« délassement. Des cérémonies augustes frap-
« pent les yeux et remuent le cœur. Les exer-
« cices religieux préviennent les dangers d'une
« grossière oisiveté. A l'approche des solenni-
« tés, les familles se réunissent, les ennemis se
« réconcilient, les méchans mêmes éprouvent
« quelques remords. On connaît le respect hu-
« main ; il se forme une opinion publique bien
« plus sûre que celle de nos grandes villes, où
« il y a tant de coteries et point de véritable pu-
« blic. Que d'œuvres de miséricorde inspirées
« par la piété ! Que de restitutions forcées par
« les terreurs de la conscience !

« Otez la religion à la masse des hommes,
« par quoi la remplacerez-vous ? Si l'on n'est
« pas préoccupé du bien, on le sera du mal :
« l'esprit et le cœur ne peuvent demeurer vi-
« des. »

Dans quel temps le libre exercice du culte de la religion a-t-il retardé les progrès de la civilisation des esclaves, nui à leur bonheur et porté préjudice aux intérêts des maîtres?

Avant la naissance de cette liberté qui fit gémir notre patrie dans le plus cruel esclavage ; liberté qui, à l'aide du poignard, se propagea parmi nous avec une effrayante rapidité ; liberté barbare qui, dans toutes les classes de la société, multipliait le nombre de ses victimes afin de se regorger avec une joie infernale de leur sang..... et qui ne s'est montrée dans nos colonies que pour y multiplier les crimes et les désastres ; avant, dis-je, la naissance de cette fatale liberté, il y avait dans ces mêmes colonies plus d'églises qu'aujourd'hui : le clergé y était plus nombreux, l'exercice du culte plus répandu, et cependant les esclaves étaient plus soumis, plus fidèles, plus laborieux et plus heureux. N'est-ce pas plutôt à l'époque à jamais déplorable où la tempête révolutionnaire abattit les temples, renversa les autels et dispersa sur d'autres contrées les prêtres nombreux et si dévoués au bonheur des esclaves et à celui des colonies ; n'est-ce pas, dis-je, à cette époque que les esclaves, en recevant la liberté, devinrent les ennemis de la subordination, du travail, qu'ils mirent le feu aux propriétés, qu'ils massacrèrent les habitans, qu'ils se livrèrent aux crimes les plus horribles et qu'ils tombèrent dans la misère la plus profonde? N'est-ce pas à cette époque que les colons eurent à déplorer les plus grands malheurs et que la prospérité des colonies disparut avec le culte de la religion, sans lequel la religion elle-même ne peut exister; conséquemment sans lequel point de prospérité réelle, point de bonheur véritable, puisque, hors de la religion, il ne peut y avoir qu'indigence, crimes et malheurs. Qu'on se rappelle ce qu'était Saint-Domingue avant que la liberté n'eût fermé aux noirs les temples de la religion.

Rappelons-nous ces jours de désolation et de malheur où la France cependant vivait sous le règne à jamais *mémorable* de la *liberté*, de l'*égalité* et de la *fraternité*.

« O temps de honte éternelle, s'écrie le tri-
« bun *Lucien Bonaparte* (si dans tous les siè-
« cles, les révolutions ne produisaient pas d'af-
« freux résultats, sous des symptômes divers),
« jours qui semblaient avoir ramené le peuple
« le plus doux de la terre à la férocité des
« peuples les plus barbares! Les monumens
« de la religion comme ceux des arts, se chan-
« gèrent en ruines. Dans les temples régnèrent
« le silence et la désolation. Les mains san-
« glantes de l'athée dépouillèrent le sanctuaire
« que l'hommage de tant de générations suc-
« cessives eût suffi pour rendre sacré. Les pier-
« res sépulcrales de nos familles furent désho-
« norées; et d'infâmes courtisanes, promenées

« en triomphe, s'assirent sur le marbre des « autels! Dans ce délire effrayant, on eût dit « que le cœur de l'homme était changé, et que « plusieurs siècles s'étaient écoulés dans l'es- « paçe de quelques jours. »

Mais la *loi* du 18 brumaire arrêta les horribles progrès d'une *liberté* qui depuis tant d'années se nourrissait du sang des innombrables victimes qu'elle immolait selon ses caprices et s'enrichissait de leurs dépouilles.

La *loi* du 18 brumaire est proclamée avec la plus grande solennité dans les différens quartiers de la capitale; les citoyens, semblables à des captifs qui voient enfin le jour de leur délivrance, expriment par les doux transports du plus vif enthousiasme et leur allégresse et leur vive reconnaissance. Cette loi en rendant aux Français le culte de leurs pères a réalisé leurs espérances, comblé leurs vœux les plus ardens. Là, où l'autel catholique s'élève avec puissance et majesté sur les ruines de la philosophie, règnent l'humanité, la bienfaisance, la justice, l'ordre, la paix, la prospérité, le bonheur.

Sans le culte de la religion, point de véritable liberté, point de civilisation, point de bonheur possibles; mais sans autel point de culte.

Et puisque les esclaves étaient plus heureux et que nos colonies jouissaient d'une plus grande sécurité, et qu'elles étaient réellement plus prospères lorsque les églises étaient plus multipliées, le clergé plus nombreux, et que les esclaves remplissaient fidèlement les obligations qu'impose le culte de la religion ; qu'on se hâte donc de rendre aux esclaves et à nos colonies ces moyens de sécurité, de prospérité et de bonheur.

III

Affranchissement.

> Donner la liberté aux esclaves avant de les avoir préparés à ce bienfait, ce serait vouloir la ruine de nos colonies et le malheur des noirs.

CHAPITRE PREMIER.

De l'Affranchissement général et immédiat.

Plus d'esclavage! voilà le cri général de la philantropie. Loin de condamner cette philantropie vraie, pure, qui est un amour réel et efficace pour ses semblables, amour qui doit nécessairement naître de l'humanité et de la religion, puisque sans elles il ne peut y avoir de philantropie vraie et pure, nous nous empressons de rendre hommage au zèle généreux et ardent de ces hommes qui, avec autant de constance que de dévouement, travaillent au bonheur de leurs semblables, de quelque nation, de quelque couleur qu'ils soient, parce qu'ils ne voient en eux que des *frères* délaissés ou malheureux que l'humanité et la religion commandent de consoler, de secourir. Loin donc de condamner la philantropie de ces hommes, nous associons nos vœux aux leurs, nos efforts à leurs efforts, et nous exaltons les sacrifices que leur humanité et leur religion savent si bien multiplier en faveur de ceux qu'ils voient dans l'affliction ou dans le malheur.

Mais nous nous élevons ici contre ces hommes qu'anime le zèle brûlant d'une philantropie fausse, ennemie de l'humanité et de la justice, contre ces hommes qui, opiniâtrément attachés à leur système, sont prêts à tout sacrifier pour le triomphe de leurs théories impuissantes, qu'ils regardent cependant comme sublimes et capables de faire naître partout la prospérité et le bonheur, contre ces hommes enfin qui, avec une sorte de complaisance et d'emphase, répètent cette belle devise que tant d'autres philantropes avant eux ont répétée: *Périssent les colonies plutôt qu'un principe*. N'écoutant que leur zèle, ils invoquent et réclament avec instance en faveur des esclaves un affranchissement général et immédiat, sans examiner si un tel affranchissement contribuera au bonheur de ceux qui, n'ayant encore aucune notion vraie des devoirs et des sacrifices qu'impose et qu'exige la société, regardent la liberté comme l'affranchissement de toute contrainte et comme le pouvoir de suivre leurs passions et de réaliser leurs infâmes désirs.

Plus d'esclavage! est aussi le cri qu'aime à répéter la religion catholique qui dit aux hommes libres et civilisés: *Préparez à la liberté les esclaves vos frères, rendez-les dignes de ce bienfait par la pratique des vertus sociales et chrétiennes.*

Oui, sans doute, l'humanité et la religion veulent l'abolition entière de l'esclavage; mais elles rejettent et condamnent une liberté qui causerait le malheur de l'esclave et du maître, et la ruine de nos colonies; or, telle serait une liberté générale et immédiate.

Qu'est-ce que la liberté? La liberté *est le pouvoir de faire tout ce qui n'est pas défendu par la loi* (1).

Or, n'est-ce pas une erreur *grossière* de croire que les esclaves qu'on aura affranchis sans

(1) Voyez *Défense de l'ordre social contre le carbonarisme moderne;* par M. Boyer, 2e partie, page 292.

les y avoir préparés, comprimeront tout-à-coup et comme par enchantement les penchans si violens qui les portent au mal, qu'ils briseront leurs fétiches, qu'ils renonceront aux pratiques superstitieuses auxquelles ils se livrent avec tant de plaisir, qu'ils détruiront l'empire qu'ont obtenu les passions sur leurs cœurs, enfin qu'ils se dépouilleront en quelque sorte de leur nature, pour ne faire *que ce qui n'est pas défendu par la loi*, loi qui avec autant d'énergie que de puissance lutte contre leurs penchans et combat leurs passions? N'est-il pas certain, au contraire, que regardant cette liberté comme le pouvoir de tout oser et de tout faire ils la changeront en une affreuse licence qui infailliblement deviendra funeste à eux-mêmes et aux colonies. « Les « lois naturelles, dit *Massabiau*, ne sont point « respectées par les passions des hommes (1). »

Quels avantages procurerait à la société cette liberté intempestive? Elle jetterait au milieu d'elle une multitude d'individus que la religion n'éclairerait ni ne dirigerait de sa lumière vivifiante, mais qu'agiteraient les passions les plus odieuses, qu'animeraient le désir de la vengeance et l'espoir surtout de devenir maîtres

(1) *De l'Esprit des Institutions politiques*, t. 1er, liv. I, ch. XIX.

eux-mêmes et peut-être de se mettre à la place de ceux qui leur auraient commandé. Et qu'on le sache bien, l'esclave, pour réaliser cet espoir si criminel, sans difficulté aucune, emploiera le fer, le poison et la flamme. Des faits dont le souvenir est encore si affligeant sont là pour le prouver.

Voilà les citoyens que procurerait à la société une liberté immédiate et générale; voilà ceux qui, pénétrés de reconnaissance, béniraient le nom de nos philantropes, lesquels par leurs efforts et leur dévouement leur auraient obtenu le grand bienfait de cette liberté prématurée; mais, alors, quelle garantie de sécurité, de prospérité? comment la véritable liberté elle-même serait-elle garantie? « Pour que chacun soit li-« bre, il faut que chacun dépende. Votre dé-« pendance sera la garantie des autres, et la « dépendance des autres sera votre garantie. « L'établissement de cette dépendance tutélaire « est le principal objet de la société civile; et « sans elle, il n'y a point de liberté naturelle « *garantie*, ou autrement de liberté civile (1). »

Or, par une liberté générale et immédiate, toute dépendance est détruite pour l'esclave,

(1) *De l'Esprit des Institutions politiques*, t. 1er, liv. I, ch. XX.

puisque, par le fait, cette liberté, ôtant au maître le droit d'exiger de l'esclave le travail, et à l'esclave celui d'exiger de son maître la nourriture et le vêtement, elle détruit le lien de l'union qui existait entre le maître et l'esclave : union cependant si nécessaire que d'elle dépend la tranquillité des habitans et la prospérité des colonies.

Si l'on nous objecte que la puissance des lois serait là pour maintenir dans le devoir les nègres devenus *citoyens*, pour défendre les habitans et protéger les propriétés ; que ces lois seraient soutenues par une force physique imposante et terrible ; nous répondrons que ces lois qui paraissent si puissantes parce qu'elles sont soutenues par de nombreuses baionnettes et une formidable artillerie, sont et seront toujours impuissantes tant qu'elles seront soutenues par la force physique sans la force morale.

« Cela est même tellement essentiel, dit encore *Massabiau*, que si le pouvoir social cessait d'être une force morale, il cesserait bientôt d'être même une force physique, et par conséquent n'existerait plus.

« En effet, la force morale dont il s'agit, est celle qui résulte de la coopération ou de l'acquiescement volontaire des sujets à l'action du pouvoir, laquelle en devient singulière-

« ment aisée, ne fût-ce que par la diminution « des résistances. »

Or, qui produit dans les sujets cette disposition si favorable au pouvoir qui les gouverne, sinon la religion, qui, en même temps, les éclaire sur la liberté dont ils jouissent? Le principe de la vraie force morale se trouve seulement dans la religion, et sans elle point de vraie force morale possible.

Aussi, le souverain qui, trop fier de sa puissance, et croyant son trône suffisamment soutenu par les faisceaux d'armes, mépriserait la force morale ou qui la laisserait s'éteindre parmi son peuple, verrait, tôt ou tard, et bientôt, peut-être, ce même trône s'ébranler, s'écrouler avec un horrible fracas, son sceptre brisé, sa couronne flétrie dans le sang de ses sujets; qui sait, peut-être verrait-on la tête de ce souverain dont la puissance serait actuellement sans force physique, parce qu'elle était sans force morale, rouler hideusement sur l'échafaud.

Si nous consultions les annales des nations, que de monarques ne verrions-nous pas tomber de leurs trônes élevés, et prouver au monde entier que la force physique, quelque formidable qu'elle paraisse, n'est que faiblesse, tant qu'elle n'est pas soutenue de la force morale!

Ils ont pu, ces monarques superbes, ces souverains, pour un temps si fameux, expier, par leur mort, le crime de n'avoir point employé la force morale pour consolider leurs trônes, pour rendre leurs peuples heureux. Mais, qui peut s'opposer à la dépravation ? Qui peut empêcher la ruine de ces peuples dont les souverains font reposer la tranquillité, la prospérité et le bonheur sur la puissance des baïonnettes ? Comme ces fleuves impétueux qui, après avoir entraîné tout ce qu'ils rencontrent et causé la désolation des plus belles contrées, disparaissent dans l'abîme des mers, ces peuples, après avoir donné le spectacle des plus grands crimes et de la plus affreuse désolation, disparaissent dans l'abîme des temps, ne laissant après eux que le souvenir de leur avilissement, de leurs malheurs, de leur ruine.

Que ceux qui gouvernent n'oublient donc pas qu'il ne peut y avoir pour eux de puissance réelle, et pour leurs peuples de véritable liberté, de sécurité, de prospérité et de bonheur sans la force morale, qui, seule, soutient la force physique, consolide les trônes et rend les peuples heureux. Or, cette force morale, c'est la religion.

Nous le demandons aux philantropes les plus

zélés : Quels avantages les esclaves, les colonies, la société elle même, retireraient-ils d'une liberté générale et immédiate, qui ne pourrait être soutenue de la force morale?

Qui, en considérant l'état actuel de nos possessions d'outre-mer et les dispositions de la population noire, ne voit clairement qu'une telle liberté deviendrait une source féconde de désordre, de crimes, de misère et de malheurs? En effet, d'où dépendent le bonheur des esclaves, la tranquillité et la prospérité de nos colonies? Assurément, de la soumission et du travail de ces mêmes esclaves. Or, sans le travail point de culture, sans culture point de commerce : donc, la ruine des colonies et le malheur des noirs, qui, sans le travail, n'auraient devant eux que la misère, le crime, le désespoir.

En effet, cette liberté intempestive une fois proclamée et l'indemnité accordée, car « l'équité, dit M. de *Lacharière*, doit marcher « de pair avec l'humanité (1), » les esclaves deviennent réellement *citoyens français*, et jouissent des mêmes droits que les habitans de la métropole; pour tous liberté et égalité. Dès

(1) *De l'Affranchissement des esclaves dans les colonies françaises.*

ce moment, les noirs ne diffèrent plus des blancs que par la couleur ; dès ce moment aussi commencent la ruine des colonies et le malheur des esclaves. « Dans les colonies, les esclaves « cultivent, les libres ne cultivent pas ; voilà « le fait. De là cette opinion générale et si pro- « fondément enracinée dans l'esprit du nègre, « *que l'homme qui cesse d'être esclave doit cesser* « *de cultiver*. L'expérience le démontre. Depuis « cinq ans, plus de 25,000 libertés ont été « accordées dans les colonies françaises. Dans « ce nombre, trouverait-on un seul cultiva- « teur ? La négative ne serait pas douteuse, « au moins pour la Guadeloupe.....

« En vain dira-t-on que le besoin forcerait « les libres, lorsque leur nombre ne serait plus « en harmonie avec leurs occupations actuelles, « à demander à la terre la subsistance qu'ils ne « trouveraient pas ailleurs. Les hommes pas- « sent facilement de la culture aux autres états « de la société, mais n'y retournent jamais : « ceci est vrai, même dans la métropole. Qu'on « essaie de faire des laboureurs avec les ou- « vriers, les commissionnaires, les domesti- « ques, etc., qui encombrent les villes de la « métropole !

« Les libres préféreraient la faim, la misère « au travail de la terre. Ces fléaux réduiraient

« leur nombre sans changer leur carac-
« tère (1). »

On le sait, l'esclave qui n'est point éclairé par la religion, ni excité au travail par des motifs plus qu'humains, regarde le pouvoir de ne rien faire, et de dormir selon son caprice comme une source de jouissance, un bonheur. Mais sera-ce par une liberté prématurée qu'on lui inspirera le goût du travail ? non sans doute, une telle liberté ne peut qu'augmenter l'horreur qu'il en a et ranimer en lui l'amour d'une oisiveté criminelle.

A l'époque ou une liberté générale et immédiate fut accordé aux esclaves de la Guiane française Madame H. qui avait une habitation au Mont-Sinery, engagea ses nègres à demeurer sur cette habitation, et afin de les exciter au travail elle leur offrit de grands avantages ; mais l'un d'eux, au nom de tous, lui répondit, « *Nous sommes citoyens, par conséquent libres comme l'air, nous ne voulons pas travailler.* »

N'a-t-on pas vu des nègres, devenus *citoyens*, étendus sur l'anse de Macouria (2), aux rayons brûlans du soleil des tropiques, y mourir de faim, dévorés tout vivans par les chiques ?

(1) M. *de Lacharière : De l'Affranchissement des esclaves*, pag. 103.

(2) Guiane française.

La liberté, en leur conférant les droits de *citoyen*, leur donnait aussi le pouvoir de ne pas travailler, conséquemment celui de mourir de faim.

Dans la pétition dont nous avons déjà parlé nous lisons : « Soutenus par sa haute protection « (la haute protection de la philantropie), nos « *affranchis* ont pris rang parmi les *citoyens* « des colonies. Elle en fait ouvertement ses « *auxiliaires auprès de ceux de leurs frères* « *qu'elle n'a pu arracher encore à la servitude*. « *Le cri de la liberté qu'ils ne cessent de faire* « *entendre est devenu partout leur mot de ral-* « *liement. Il en résulte un développement évi-* « *dent dans la faculté pensante du nègre*, et un « dégoût plus remarquable que jamais pour sa « condition actuelle (1).

Mais que sont réellement pour la plupart les affranchis soutenus par la haute protection de la philantropie ? Des hommes livrés à la plus coupable oisiveté, agités par les passions les plus violentes, des hommes inutiles à leurs semblables, nuisibles à la société ; des hommes enfin, dont l'avenir est la misère, souvent

(1) *Pétition à MM. les membres de la Chambre des Députés. Abolition de l'esclavage, etc.*; par un propriétaire d'esclaves, page 35.

même le désespoir..... Et n'est-ce pas pour le malheur de nos colonies et des esclaves que la philantropie se sert de tels hommes *comme d'auxiliaires auprès de leurs frères qu'elle n'a pu arracher encore à la servitude.*

Mais ce que nous ne pouvons concevoir, c'est qu'une liberté prématurée puisse opérer un *développement évident dans la faculté pensante du nègre*, tandis que les faits les plus nombreux prouvent qu'une telle liberté ne peut que favoriser ses penchans, exciter ses passions, l'avilir et le jeter dans la plus affreuse misère. En ce moment nous avons sous les yeux une lettre d'une personne de la Martinique qui, depuis bien des années, vit au milieu des nègres et qui en leur faveur ne cesse de multiplier ses sacrifices. Voici ce qu'elle écrit : « Les nègres « une fois libres (et il y en a beaucoup à pré- « sent), ne veulent plus travailler. Alors ils « tombent dans une extrême misère. Il y en a « même qui sont *secourus* par les esclaves qui, « tant qu'ils le sont, ont toujours de quoi vivre. « C'est un contraste assez frappant que de voir « arriver en ville des esclaves de certaines « habitations, en bottes, habit et pantalon « de drap noir, tandis que ceux qui sont « devenus libres et qui, lorsqu'ils étaient es- « claves, étaient régulièrement bien habillés

« sont à présent en guenilles. Ce qui prouve « bien que ce peuple est encore bien éloigné de « la civilisation. Lorsqu'il n'est pas forcé au « travail, même pour son propre intérêt, il ne « travaille plus. »

Cependant, dans la même pétition nous lisons : « L'avenir déroule progressivement l'é« tendard de la liberté, sur lequel on aperçoit « déjà cette *inévitable sentence*, écrite en let« tres d'or : *par la raison* ou *par la force.* » Mais pourquoi cette sentence est-elle devenue inévitable? Pourquoi l'écrire sur l'étendard de la liberté en lettres d'or? Si l'acte de l'affranchissement, acte solennel d'humanité et de justice, doit s'opérer sous l'égide de la *seule raison* ou *de la force*, quels malheurs péseront et sur les noirs et sur les colonies ! Faites disparaître cette sentence *par la raison* ou *par la force*, et gravez-y en caractères ineffaçables celle-ci : *par la religion et le travail.*

Si l'intention du gouvernement était de proclamer une liberté générale et immédiate, nous lui dirions : « Avant tout, faites bâtir des hôpi« taux, construire des prisons, forger des fers, « augmentez vos garnisons, parce que l'époque « de cette liberté sera l'époque d'une grande « misère et de grands crimes. » En effet, par cette liberté le maître est affranchi de l'obligation de procurer la nourriture et le vêtement à l'esclave, de pourvoir aux besoins de sa famille, puisque par cette même liberté l'esclave est affranchi de l'obligation de travailler pour son maître. Or, cette liberté une fois proclamée, que deviendront ces masses de nouveaux *citoyens* privés tout-à-coup de ressources et d'espérance ; quel sera leur avenir ?

Que deviendront ces nombreux vieillards qui vivaient naguère si heureux dans leurs cases où ils mangeaient en paix et avec consolation la nourriture qu'ils recevaient, pénétrés de reconnaissance, d'un maître humain, bon et généreux, qu'ils aimaient si sincèrement? Aujourd'hui, frustrés de l'espérance, pour eux si douce, de mourir près du maître qu'ils ont si long-temps servi, et duquel ils attendaient comme prix et récompense de leur travail et de leur fidélité la nourriture et le vêtement jusqu'au dernier de leurs jours, où iront-ils? Libres à la vérité, mais pressés par le besoin, autant accablés par la douleur et le poids des années qu'épuisés par le travail, que peuvent-ils faire pour se procurer cette nourriture et ces vêtemens qui dans l'esclavage ne leur manquaient jamais? Quel sera le sort de leur vieillesse? Qui fermera leurs paupières? Où reposeront leurs cendres? Sans cette liberté, leur vieillesse eût été heureuse ; consolés, fortifiés par une religion toute d'amour, ils eussent paisiblement terminé leur vie au milieu de leurs familles et de leurs amis ; et déposées dans une terre bénite par la religion, leurs cendres eussent reposé non loin de ceux qui leur étaient si chers.

Et ces mères qui, dans l'esclavage, se reposant du soin de leurs enfans sur la justice et la bonté du maître, vivaient tranquilles, contentes, n'étant agitées par aucune crainte sur leur avenir, que deviendront-elles, aujourd'hui que libres, elles ne peuvent leur procurer la nourriture qu'elles recevaient chaque jour de la main du maître? Et cette multitude de pauvres enfans si dignes de compassion et d'intérêt, qui, assurément ne béniront pas le jour de leur liberté, Qui les consolera? Qui éclairera leur esprit et formera leur cœur? Qui les instruira? Qui les dirigera dans les premières années si précieuses de la vie? Qui les élèvera dans la pratique des vertus sociales et chrétiennes et dans l'amour du travail? Leurs anciens maîtres? Mais ils ne leur appartiennent plus, et en recevant la liberté ils ont perdu le droit de réclamer les secours qui ne leur auraient jamais manqué si cette liberté prématurée ne leur ravissait jusqu'à l'espoir d'être heureux. Leurs parens?

Mais plongés dans l'ignorance la plus profonde, ils méconnaissent les devoirs les plus sacrés, et la pratique des vertus sociales et chrétiennes leur est absolument étrangère ; d'ailleurs, eux-mêmes sans ressource et sans espérance, que pourraient-ils faire pour leurs enfans? Sans doute, ils pourraient avec eux pleurer, souffrir et appeler *cruels* ceux qui si généreusement leur auraient procuré une liberté qu'ils ne demandaient point et qui ne peut être pour eux qu'une source d'afflictions, de misères et de malheurs.

Qui donc empêchera cette jeunesse si nombreuse de vivre dans l'ignorance la plus profonde comme la plus funeste, de se livrer aux vices les plus honteux, de tomber dans le crime et d'aller expier sur l'échafaud des forfaits dont elle n'aura pas été elle seule la cause?

Mais par quels moyens prompts et efficaces maintiendra-t-on dans la soumission et le devoir ces milliers de nouveaux citoyens vigoureux, pleins de vie, pressés par la faim et refusant de travailler.

Ah! qu'il est cruel et terrible l'esclave qui étant dominé par de grandes passions, n'ayant rien à perdre et tout à gagner, est excité au crime par ce qu'il appelle faussement son *droit*, la *liberté!* On s'empressera d'affranchir des hommes encore dans l'ignorance des devoirs les plus sacrés, encore sous l'empire de leurs criminels penchans, eh bien! cette liberté loin d'affaiblir leurs passions, de leur donner un frein, elle les rendra plus puissantes, indomptables; et la vue des flots de sang qu'ils répandront au nom de la *liberté*, pour obtenir par le fer ce qu'ils ne veulent pas se procurer par le travail, ranimera leur courage, soutiendra leur fureur.

Sans doute, on jettera dans les fers les plus coupables dont on fera jaillir le sang sur l'échafaud, afin d'inspirer aux masses qu'on croira effrayées par ce supplice, des sentimens plus dignes de la liberté et de la société, l'amour de l'ordre et de la paix; surtout, on espèrera par cet acte de rigueur les porter au travail.

Témoins du supplice, les masses pour un temps, demeureront calmes et comme impassibles.

Alors pleine d'elle-même et fière du succès, la philantropie applaudira sans doute aux moyens prompts, énergiques et efficaces qu'elle procurera pour le bonheur des noirs, la sécurité et la prospérité de nos colonies et pour l'utilité de la société. Mais celui-là aurait bien peu étudié le cœur de l'esclave et connaîtrait bien peu l'énergie et la force des passions qui l'animent lorsque la religion ne l'éclaire ni ne le dirige dans ses actions, qui croirait que le spectacle d'exécutions sanglantes peut le faire rentrer dans le devoir, l'y maintenir et lui inspirer l'amour du travail.

A la vérité, l'autorité a donné des exemples d'une grande sévérité; des criminels sont tombé sous la hache du bourreau, un sang coupable a ruisselé sur l'échafaud; mais les noirs ont vu couler le sang africain, dès ce moment, une haine implacable les anime, le désir d'une éclatante vengeance leur fera mépriser les dangers, braver les supplices, et s'ils peuvent venger leurs frères, qu'ils croiront injustement immolés, ils mourront avec plaisir.

Partout les nouveaux *citoyens* expriment leur haine qui devient terrible, partout ils manifestent les sentimens d'une affreuse vengeance contre ceux-mêmes qui, il y a peu de jours, leur disaient : *C'en est fait; pour toujours, vos chaînes sont brisées, vous êtes libres!* et qui agitaient au milieu d'eux la bannière de la liberté portant cette inscription : *Plus d'esclavage, liberté, égalité.*

Partout règne la frayeur, l'anxiété et le sombre désespoir. Ce sont là les premiers fruits d'une liberté générale et immédiate.

Mais que fera l'autorité? sans doute, elle se montrera au milieu de ces milliers d'hommes *libres*, soutenue d'une force imposante et même formidable : par un langage persuasif et paternel elle s'efforcera d'éteindre leur haine, d'enchaîner leurs passions, de les rendre amis de l'ordre et du travail; inutilement, le sang de leurs frères a coulé, et ils regardent comme des *tyrans* ceux qui l'ont répandu.

Elle les sommera au nom de la *loi* de rentrer dans le devoir, de se livrer au travail; et eux armés du fer, du poison et de la flamme, ils répondront au nom de la *liberté* qu'ils ne veulent pas travailler. Le pouvoir réduit à cette extrémité, pour conserver à la loi sa force et sa puissance, fera agir les baïonnettes et à l'aide du canon il s'efforcera de répandre dans tous les cœurs l'effroi et la terreur; mais le cœur de l'esclave devenu *citoyen* avant le temps y est insensible. C'est alors que cette multitude de *citoyens* si calmes, si soumis et si laborieux dans l'esclavage, se lèveront comme un seul homme et qu'après avoir répandu la désolation et fait des monceaux de ruines dans nos belles et riches contrées d'outre-mer, ils tomberont sous la mitraille, s'écriant : *Nous sommes libres, vous êtes des tyrans!*

Tels seraient les résultats et les suites à jamais déplorables d'un affranchissement général et immédiat.

CHAPITRE DEUXIÈME.

Du système d'affranchissement dans les colonies anglaises.

Le 1er août 1834, le canon dès l'aurore annonça dans les colonies de la Grande-Bretagne un jour mémorable. Le soleil de la liberté se leva sur elles, grand et radieux. Pénétrés d'amour et de reconnaissance, les esclaves saluèrent avec allégresse cet astre majestueux et bienfaisant dont la vue éblouissante leur inspirait des espérances qu'ils ne concevaient pas encore.

Impatient, mais tranquille, un peuple d'esclaves attend : bientôt une voix grave et solennelle s'élève et *proclame*, au nom du gouvernement, une *liberté* qui pour toujours *brise* les chaînes de l'esclavage ; elle déclare : « que tout « individu tenu en esclavage, dans une colonie

« quelconque faisant partie des possessions
« britanniques, *est et demeure libre, et dé-*
« *chargé, à tous égards, et dans le sens le plus*
« *étendu de ce mot, de toute espèce de servi-*
« *tude, étant absolument et à tout jamais*
« *émancipé* ; que les enfans qui naîtront par la
« suite des individus ainsi affranchis, et la pos-
« térité de ces enfans seront de la même ma-
« nière libres au moment même de leur nais-
« sance ; et enfin, qu'à compter de ce premier
« jour d'août, *l'esclavage était entièrement et*
« *à perpétuité aboli et déclaré illégal* dans toute
« colonie, plantation ou possession quelconque
« appartenant à la Grande-Bretagne. »

Enfans de l'Afrique, réjouissez-vous ! vos chaînes sont brisées ; pour vous jamais plus d'esclavage, vous êtes libres, vous êtes *citoyens* et tout autant que les *citoyens* de Londres. Exprimez donc votre reconnaissance à vos généreux bienfaiteurs. Réunis en familles, tuez le veau gras et célébrez dans les plus doux transports de l'allégresse le brisement de vos chaînes.

Ces bons Africains regardaient ce jour comme étant celui de leur entière délivrance, aussi le passèrent-ils contens, heureux, se berçant de l'espérance pour eux si consolante de ne plus travailler, de demeurer oisifs sous le palmier qui ombrage la case, et enfin de dormir selon leur bon plaisir ; mais ces espérances qui déjà faisaient leur bonheur s'évanouirent bientôt avec leur liberté qui fut de bien courte durée, car, *libres* ils s'endormirent, *esclaves* ils s'éveillèrent. Ceux même qui, hier, au nom du gouvernement, les déclarèrent *libres*, leur déclarent aujourd'hui au nom du même gouvernement qu'il faut continuer à travailler, qu'ils sont devenus *apprentis* et que ce n'est qu'en l'an 1840 qu'on les déclarera de nouveau entièrement libres.

Pauvres nègres ! Quel désappointement ! Vous ne pouvez comprendre comment il se peut faire qu'ayant été hier solennellement délivrés de toute espèce d'esclavage, affranchis pour toujours, *et dans le sens le plus absolu du mot*, vous soyez aujourd'hui forcés de travailler encore pour les mêmes maîtres à qui vous êtes obligés de donner la plus grande partie de votre temps, et cela sans un juste salaire. Vous ne pouvez concilier la *liberté* avec un *travail forcé*, et surtout avec un *travail non payé*. Cependant le *Roi avait approprié une somme considérable à l'achat de votre liberté* (1).

Pauvres nègres ! comme un beau et séduisant fantôme, la liberté vous est apparue, et

(1) Voyez *l'acte d'affranchissement*.

comme telle elle vous échappe ! Mais si la vue du fouet ou le supplice *de la terrible machine* qu'on appelle *le moulin de force*, vous fait perdre le souvenir de votre première liberté, peut-être conserverez-vous celui des fêtes et des festins qui vous furent donnés le jour même de cette liberté fugitive. « Vers le soir, écrivait « le *marquis de Sligo*, gouverneur de la Ja-« maïque, au secrétaire d'état des colonies, « les rues étaient remplies de promeneurs, puis « les bals commencèrent. Dans les villes, plu-« sieurs maîtres donnèrent des dîners à leurs « *nouveaux apprentis*, et sur beaucoup d'habi-« tations, des bœufs furent abattus et livrés « aux nègres, en sus des distributions ordi-« naires des jours de fête, en sucre, rhum et « poisson salé ; de sorte que dans les campa-« gnes, aussi bien qu'à la ville, les apprentis « eurent leur part des divertissemens (1). »

Était-il donc bien nécessaire de faire tant de fracas et tant de dépenses pour donner aux esclaves *un jour* de liberté, pour convertir l'*esclavage* en *apprentissage*, pour enfin prolonger cette longue et lourde chaîne d'affliction et de misère qui, depuis si long-temps, pèse

(1) *Lettre du marquis de Sligo*; Jamaïque, 13 août 1834.

sur les esclaves des colonies anglaises ? « Le « gouvernement anglais, dit M. *Macaulay*, a « fait entrer dans l'acte d'émancipation une « mesure qui convertit les anciens esclaves en « apprentis, ceux des plantations pour six ans « et les autres pour quatre ans, *prolongeant « ainsi, sans nécessité aucune, une masse con- « sidérable des misères de leur première condi- « tion.* Cette mesure porte que les apprentis « des plantations donneront à leur maître qua- « rante-cinq heures de travail par semaine, « recevant en retour la *maigre et chétive pi- « tance* qui leur était allouée durant l'escla- « vage, mais leur donnant le droit de disposer « à leur gré du reste de leur temps. Cet arran- « gement compliqué fut tout-à-fait *injuste*, et « même en contradiction ouverte avec le grand « principe de l'acte parlementaire qui, en « abolissant l'esclavage, avait annoncé : Que « tous ceux qui avaient été esclaves « *seraient « libres, libres à tous égards et en tout sens, et « déchargés de toute espèce d'esclavage.* » Le « démenti que le gouvernement a donné à cette « éclatante promesse, ne pouvait manquer de « faire naître des mésintelligences nouvelles « et des prétentions bien ou mal fondées de la « part des esclaves ou des maîtres. C'est à cette « source que remontent presque toutes les

« difficultés qui ont entravé dans la pratique « les opérations de la loi. Les réglemens accessoires que les législatures coloniales étaient « autorisées à faire, ont produit dans quelques « cas des effets très malheureux pour les esclaves. »

Loin de suivre le système désastreux du gouvernement anglais, le gouvernement français plus grand, plus juste et plus généreux, après avoir préparé par la religion et la civilisation les nombreux esclaves à l'affranchissement, leur donnera une *liberté franche, entière, puissante, bienfaisante*, qui brisera à jamais les fers de l'esclavage pour le bonheur des noirs, la prospérité de nos colonies et pour l'utilité de la société. Ainsi, par cette liberté que tous les souverains devraient procurer à leurs sujets, parce qu'elle seule est capable de rendre les peuples heureux, ces milliers d'esclaves, aujourd'hui si peu dignes de l'affranchissement, parce qu'ils n'y ont pas encore été préparés, devenus par l'instruction et sous l'influence de la religion des citoyens vertueux, soumis, laborieux, partageront avec le reste des Français les avantages de la civilisation et de la société. Alors, par la pratique des vertus sociales et chrétiennes et par leur dévouement, ils se rendront utiles à leurs semblables et à la mère-patrie. Agissant ainsi, le gouvernement français donnera aux nations un grand exemple d'humanité et de justice ; il leur indiquera le moyen unique de rendre heureux des peuples d'esclaves, et les nombreuses contrées qu'ils habitent, en un mot, le moyen d'*abolir l'esclavage sans abolir le travail.* Aussi, disons-le, il donnera à l'Angleterre une grande et sublime leçon de prudence, d'humanité, de justice et de philantropie.

Non, le système d'affranchissement adopté dans les colonies anglaises ne peut nullement convenir aux colonies françaises. Qu'est-ce en effet que l'apprentissage? « Ce n'est ni l'esclavage ni la liberté; c'est un système bâtard « qui ne convient pas au moral de nos ateliers « et qui va encore moins au caractère de notre « population libre qui n'aime pas ce qui est va« gue, ce qui est douteux ; il faut à son imagi« nation mobile et si disposée à se tourmenter, « quelque chose de nettement tranché qui la « frappe et la limite.

« L'établissement de l'apprentissage produi« rait une aussi grande secousse dans les esprits « et les affaires que la liberté illimitée, et on « aurait en perspective l'affranchissement, « c'est-à-dire une seconde secousse, une se« conde révolution. Ce seraient donc deux ex-

« périences, deux crises, deux craintes, deux « perturbations au lieu d'une. Cet état de cho- « ses serait difficile à coordonner avec nos lois. « Quels seraient, par exemple, les droits des « créanciers sur les apprentis? pourraient-ils « les faire saisir?

« L'apprentissage est une machine compli- « quée qui ne peut être mise en action qu'avec « de grandes dépenses, qu'à l'aide d'un nom- « bre prodigieux de magistrats continuelle- « ment occupés à se transporter d'un quartier « à un autre pour rétablir le bon ordre, punir « ceux qui l'ont troublé, réprimer le vagabon- « dage, contraindre au travail, etc., etc. Tel « est, en effet, le spectacle qu'offrent les îles « anglaises.

« J'avoue que je ne puis concevoir quels sont, « avec un pareil ordre de choses, les liens qui « unissent le maître et l'apprenti. Ils sont indé- « pendans l'un de l'autre, mais l'un et l'autre « sont dans la dépendance absolue du magis- « trat. Le propriétaire se trouve dans une situa- « tion sans exemple ; il a des engagemens à « remplir, les dépenses de la *faisance-valoir*, « celles de l'entretien des apprentis sont à sa « charge, et il est comme un personnage neu- « tre. Le travail est pour lui, mais non pas par « lui. Un intermédiaire est l'arbitre de son sort,

« il peut le ruiner, s'il le veut : il suffit pour « cela qu'il favorise les apprentis, qu'il trouve « leur travail suffisant lorsqu'il ne l'est pas.

« La position du propriétaire est d'autant « plus pénible qu'il ne saurait en changer : « plus malheureux que le fermier européen, « il ne peut ni renvoyer ses travailleurs ni en « prendre d'autres. Non, un pareil système ne « saurait convenir (1). »

Le gouvernement anglais en exposant à la critique et à l'improbation des nations son système d'affranchissement, a aussi exposé aux chances les plus fâcheuses ses esclaves et ses colonies. En effet, ce système ne réalise point la promesse d'une *liberté franche et entière*, et ne donne point aux colonies une garantie de sécurité et de prospérité. Dès lors il ne peut réaliser les espérances de l'humanité ni de la justice.

« Je désire appeler, écrivait M. *John Innes* à « à lord Glenelg, la plus sérieuse attention, non « seulement de Votre Seigneurie et du gouver-« nement tout entier, mais encore de tous les « hommes qui désirent voir réussir la *gigantes-« que* expérience du travail libre. Si cette expé-« rience échoue, il est effrayant de penser à l'ex-

(1) M. *de Lacharière*, *De l'Affranchissement des esclaves dans les colonies françaises*, page 113.

« tension que cet *insuccès* menace de donner à « l'*esclavage étranger*, tandis que, s'il y a *réussite*, nous sommes conduits à l'extirpation de « l'esclavage sur toute la surface du globe (1). »

Mais, réellement, y a-t-il réussite? Les nègres sont-ils plus soumis, plus laborieux, plus fidèles? les maîtres sont-ils plus heureux, et les colonies de la Grande-Bretagne plus tranquilles et plus prospères? nous ne le pensons pas. Écoutons encore M. *John Innes*, témoin oculaire des faits qu'il rapporte, son témoignage est donc d'un grand poids :

« Le fait le plus important à constater, dit-il, c'est qu'en définitive le nombre de ceux qui travaillent le samedi a considérablement diminué (1). J'ai fait choix d'un samedi pour inspecter une habitation sur laquelle il y a trois cents apprentis qui, dans les premiers temps, avaient été laborieux. Ce jour-là *douze* seulement étaient au travail de leur morceau de terre; tous les autres, quoique le temps fût magnifique, étaient restés à ne *rien faire* dans leurs *cases*..... J'ai voulu connaître quel parti les

(1) *Rapport d'un témoin oculaire sur la marche du système d'émancipation des Nègres dans les Antilles anglaises*, ou *Lettre à lord Glenelg*.

(1) Il était alors dans la Guiane anglaise.

maîtres tiraient, pour le travail des habitations, de ceux que la troisième section du bill d'abolition a déclaré libres, comme ayant habité momentanément dans la Grande-Bretagne; le résultat de mes recherches a été le plus *complet désappointement*. Dans *toute* la Guiane anglaise, il n'y avait *qu'une femme* qui continuât à travailler dans une plantation à sucre, et encore faut-il attribuer sa persistance à ce que sa fille sert comme femme de chambre de la maîtresse de l'habitation, et qu'il lui avait été déclaré que, si elle quittait une fois l'habitation, elle n'y reviendrait plus, de peur que son retour irrégulier n'excitât le désordre chez les apprentis. Il y a dans cette même plantation *un homme*, né dans l'une des Antilles, à qui son maître a accordé la liberté il y a huit ans, et qui continue à travailler à la terre; mais lui aussi est attaché à l'établissement par un lien particulier. Ce sont les seuls exemples qu'il m'ait été possible de découvrir, malgré mes recherches les plus actives, de personnes *devenues libres*, n'importe à quel titre, et *continuant à travailler à la terre sur les plantations à sucre*.....

..... « Un fait auquel, je l'avoue, je n'étais point préparé, et que cependant l'expérience m'a obligé d'admettre, c'est qu'avec tous les avantages que présente la Guiane anglaise pour la culture du sucre, l'ensemble des résultats obtenus n'offre que des opérations ruineuses.

..... « Le planteur pourra-t-il compter sur un travail continuel de la part des nègres, lorsque le terme de leur apprentissage sera expiré? Je crois que l'opinion unanime, et je le dis en conviction, l'opinion impartiale de toute personne qui existe dans la Guiane anglaise, et qui a la plus légère connaissance du caractère des nègres, est qu'il serait *tout-à-fait chimérique de l'espérer*.

..... « Les planteurs de la Trinité sont unanimement d'avis qu'à l'expiration de l'apprentissage on ne *peut espérer d'obtenir le travail nécessaire* à la continuation des cultures.

..... « Je n'ai trouvé dans l'île Saint-Vincent qu'une seule personne (un géreur assez expérimenté) qui fût d'opinion que, la période de l'apprentissage terminée, la population actuelle continuerait à travailler.

..... « L'homme qui n'a eu à travailler que pour lui seul a beaucoup gagné au nouveau système, tandis que la mère de plusieurs enfans a été soumise à de plus grands travaux, à plus de peines et de soins...... J'ai vu travailler sur une habitation une femme qui venait d'accoucher, le géreur me dit qu'elle n'avait cessé de porter des *bagasses* (c'est le travail le plus pénible des femmes) que trois jours avant son accouchement; sous l'ancien système, elle aurait été presque exempte de toute occupation plusieurs mois avant sa délivrance.

..... « Ma tournée dans cette île (*Jamaïque*) a été très longue. J'ai recueilli dans tous les quartiers de l'île les informations que j'ai pu obtenir des planteurs, des fondés de pouvoir, des économes et des teneurs de livres, aussi bien que des personnes désintéressées dans la question spéciale de culture. J'ai cherché à deviner les préjugés de chacun, afin de me mettre à même d'apprécier à leur juste valeur les renseignemens qu'on me donnait. J'ai vérifié, autant que je l'ai pu, ces mêmes renseignemens par mes observations personnelles, et il en est résulté pour moi la conviction intime que la diminution graduelle de la culture de la canne pendant l'apprentissage, et subséquemment la ruine complète de cette culture, sont inévitables à moins de mesures décisives et immédiates qui propagent l'instruction des apprentis, et puissent fournir à l'industrie du pays les garanties d'un travail que la liberté menace de lui enlever. »

Outre ces faits et bien d'autres encore qu'il serait inutile de reproduire ici, l'expérience de tous les jours est là qui prouve que le système anglais n'est point de nature à procurer le bonheur aux esclaves ni la prospérité aux colonies.

Des philantropes, nous le savons, ne cessent d'exalter les prétendus avantages et bienfaits d'un tel système, et désirent ardemment de le voir triompher dans nos colonies. Mais en vain nous répètent-ils que les esclaves des colonies de la Grande-Bretagne, « qui étaient, dit M. *Macaulay*, aussi avilis, aussi dégradés qu'il était possible, » sont devenus, au *seul nom de liberté*, des hommes soumis, laborieux, amis de l'ordre et de la paix, en un mot des hommes tout nouveaux.

Plutôt l'on verra la Tamise remonter vers sa source et l'astre du jour devenir un globe de glace, qu'un peuple d'esclaves avili, dégradé, dominé par les passions les plus ardentes comme les plus infâmes, livré aux pratiques si odieuses et si humiliantes de la superstition, ignorant les devoirs les plus sacrés, n'ayant aucune notion de la vraie liberté ni des obligations et des sacrifices qu'impose la société; un peuple essentiellement ennemi du travail et qui regarde la liberté comme un moyen de réaliser ses criminelles espérances, devenir, *au seul nom de liberté*, un peuple tout nouveau, qui réprime ses penchans, qui combat ses passions, qui s'éloigne de la superstition, qui désire sincèrement s'instruire de ses devoirs; soumis, laborieux, ami de l'ordre et de la paix; si surtout ce peuple, après avoir été déclaré libre au nom du gouvernement et de la manière la plus solennelle, et avoir joui *un jour* de la liberté, se voit réduit à une nouvelle servitude qui, loin de lui faire perdre le souvenir de la pesanteur des chaînes de son premier esclavage, lui rappelle à chaque instant tout ce qu'il avait de pénible, d'injuste et d'odieux.

Ce sont là de ces miracles auxquels il ne faut pas ajouter foi, parce que de tels miracles ne s'opèrent point sous le soleil.

Qui y croirait serait par trop crédule, et prouverait qu'il ne connaît point le caractère de l'esclave et qu'il ignore ce que peuvent ses passions.

En terminant ce chapitre, nous dirons que le gouvernement anglais devait s'attendre à quelque résistance de la part des noirs, qu'il réduisait en quelque sorte à un nouvel esclavage immédiatement après leur avoir fait les promesses les plus pompeuses et brisé solennellement leurs chaînes. Aussi beaucoup, pour se soustraire au joug de l'apprentissage, ont pris la fuite..... « Le 20 juillet de cette an-

« née (1), dit M. *de Lacharière*, il nous est encore « arrivé dix nègres fugitifs de la Dominique. « Comment, leur a-t-on dit, pouvez-vous venir « ici, vous qui êtes libres dans votre pays? A ce « mot *libre* ils secouèrent la tête : Nous avons, « ont-ils répondu, les mêmes devoirs à rem- « plir, le même travail, et de moins la sollici- « tude et les soins d'un maître qui, en nous « perdant, perdait sa fortune. » Des révoltes ont aussi éclaté : à Saint-Christophe, sur douze ou quatorze habitations, les nègres, qui, pendant bien peu de temps à la vérité, se sont cru *citoyens* anglais, *ils l'ont été réellement*, ayant horreur de la condition d'apprenti, déposèrent leurs houes et leurs serpes près du logis de leurs maîtres en annonçant qu'ils étaient bien résolus à ne plus les reprendre. Le 2 août ils ont refusé, sur plusieurs habitations, de donner à manger aux bestiaux ; on a même vu des gardiens abandonner leur poste. Justement alarmé de ces symptômes, voulant d'ailleurs faire rentrer dans le devoir comme apprentis ces nègres révoltés, et leur faire bien comprendre qu'ils n'étaient pas encore aussi libres que les citoyens de Londres ; enfin, pour prévenir toute suite fâcheuse, le gouverneur de l'île proclama

(1) 1835.

la *loi martiale*. Bientôt tout rentra dans l'ordre. Cependant cinq nègres furent bannis et envoyés à la Bermude ; un fut condamné à recevoir *cent cinquante coups* de fouet, un à *cent coups* seulement, un à cinquante et deux à vingt-cinq. Trois autres furent condamnés à trois mois de détention.

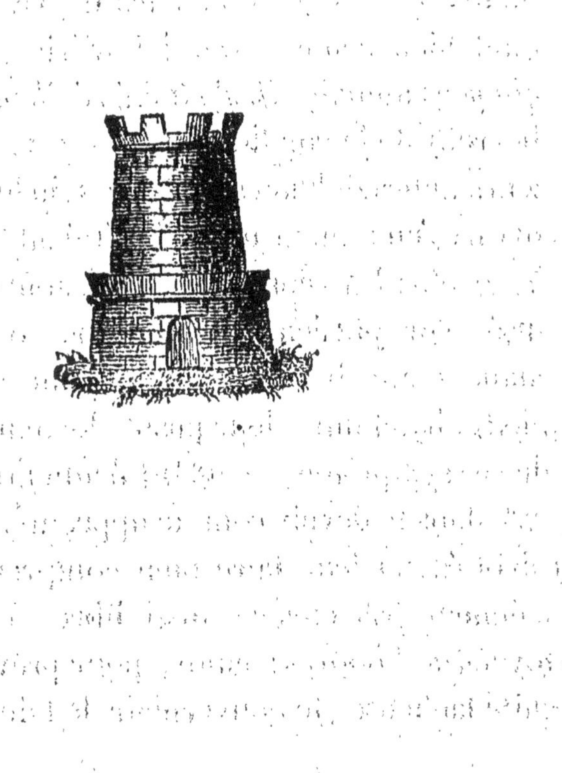

CHAPITRE TROISIÈME.

De l'Affranchissement *progressif*.

Faut-il affranchir les esclaves ? Comment faut-il affranchir les esclaves? Voilà les grandes questions qui depuis long-temps agitent les esprits et dont on s'occupe généralement aujourd'hui, mais avec plus ou moins d'intérêt, avec plus ou moins de passion.

Questions vitales, cependant; de leur solution dépendent le sort de l'immense population noire répandue sur une grande partie du globe, et la prospérité des vastes et riches contrées qu'ils fertilisent et dont ils soutiennent le commerce par leur travail.

Parmi ceux qui s'occupent de la solution de ces importans problèmes, les uns veulent faire prévaloir de belles théories, mais nullement en rapport avec les besoins des esclaves et ceux des contrées qu'ils habitent ; les autres établissent des systèmes fondés sur l'intérêt personnel ; systèmes qu'à l'instant même il faut rejeter comme ne pouvant réaliser en aucune manière les espérances de l'humanité ni de la justice ; mais aucun peut-être n'a pensé sérieusement à consulter le passé, à demander à l'expérience par quels moyens ces peuples d'esclaves si nombreux dans tous les siècles étaient affranchis, quels avantages retiraient de la transition de l'esclavage à la liberté, les affranchis, les maîtres et la société.

Cependant fut-il jamais plus nécessaire d'invoquer l'expérience, ce maître infaillible ? Il s'agit ici des droits sacrés de l'humanité et de la justice, qui seraient violés par un affranchissement contraire aux intérêts soit de l'esclave, soit du maître, soit de la société.

Pour nous, descendant la chaîne des siècles depuis l'origine de l'esclavage jusqu'à ce jour, nous remarquons chez toutes les nations un système d'affranchissement, *l'affranchissement progressif*.

Or, ce système, le même chez tous les peuples, en brisant les chaînes de l'esclave, contribuait efficacement à son bonheur, favorisait les intérêts du maître et ne trahissait point ceux de la société. Ce système était donc bon et utile.

Que faut-il pour qu'un système d'affranchissement soit bon et utile? Il faut avant tout qu'il soit basé sur l'humanité et sur la justice, il faut de plus qu'il embrasse tout à la fois les intérêts de l'esclave au bonheur duquel il doit contribuer, du maître dont il ne doit point détruire la fortune, enfin ceux de la société en lui donnant des citoyens dignes d'elle.

Or, *l'affranchissement progressif* produit ce semble ces précieux résultats.

En effet les anciens qui adoptaient ce système, nous l'avons déjà dit, il l'était généralement, n'affranchissaient point leurs esclaves au hasard. Bien que quelquefois des maîtres au milieu d'un festin, excités à la philantropie sans doute par la bonne chère et une joyeuse humeur, déclarassent libres quelques uns de leurs esclaves, ordinairement on n'affranchissait que ceux qui, par leur fidélité, leur soumission, leur ardeur pour le travail, leur bonne conduite enfin, se rendaient dignes de ce bienfait; bienfait immense pour l'esclave qui devenait libre, lorsque déjà il avait les vertus d'un citoyen. Ces libertés accordées n'inspiraient aucune inquiétude aux maîtres et ne portaient aucun préjudice à leur fortune; la liberté était alors une récompense accordée à la vertu, souvent au mérite. Les maîtres faisaient des heureux sans nuire à leurs intérêts.

Ces nouveaux affranchis ne devenaient point une charge pour la société qui trouvait en eux des citoyens dévoués, amis de l'ordre, de la paix et du travail, et qui souvent contribuaient d'une manière toute spéciale à son bonheur et à sa gloire. On le sait, un grand nombre d'affranchis occupèrent des places distinguées, des postes honorables, plusieurs des trônes.

Il est une chose à remarquer, c'est que ce système ne diminuait point dans les nouveaux affranchis l'amour du travail, et ne ralentissait en rien les travaux de l'agriculture; aussi le commerce jouissait-il d'une grande activité et l'agriculture était-elle en vigueur.

Ce système d'affranchissement ne convient-il pas aux nations qui aujourd'hui possèdent des esclaves? Ce système admis, on n'aurait plus à craindre ces secousses quelquefois si violentes, inévitables, toutefois, lorsque des milliers d'individus passent subitement de l'esclavage à l'état social; les maîtres pouvant compter sur l'avenir pourraient aussi consolider leur fortune, et enfin la société elle-même y gagnerait, puisqu'elle ne recevrait pour jouir de ses bienfaits que des citoyens qui en seraient dignes.

Il faut que ce système soit bon, puisque la

religion catholique, née de la pensée de Dieu pour affranchir les hommes de toute servitude et les rendre heureux, l'a toujours adopté.

A l'aide de ce système et sous l'influence de la religion, l'esclavage disparaîtrait insensiblement de nos colonies. Le sort des noirs et celui de ces belles contrées ne seraient plus mis en problème. La crainte et l'anxiété ne tourmenteraient plus ces milliers de citoyens français vivant loin de la mère-patrie. Les symptômes toujours si dangereux d'une liberté *intempestive* ne viendaient plus jeter l'alarme et la terreur dans toutes les familles. Les débats qui agitent si vivement les esprits seraient à jamais terminés. Le colon trouvant dans ce système une garantie de sécurité pourrait se livrer avec plus de succès à son commerce, et conséquemment agrandir et consolider sa fortune. L'esclave, instruit et dirigé par la religion, animé par l'espoir de jouir un jour des grands avantages d'une vraie liberté, s'efforcerait de se rendre digne de ce bienfait par sa soumission, sa fidélité, son ardeur pour le travail; en un mot par une conduite exemplaire et digne d'un homme libre. Aussi le jour même qu'il serait affranchi il serait digne d'être citoyen; et, comme autrefois les anciens affranchis, il s'attacherait au maître qui lui aurait procuré ce bienfait et il aimerait le lieu où il l'aurait reçu : alors il n'y aurait plus à craindre l'abandon des colonies par les noirs devenus libres. La France ne pourrait que gagner à ce système, qui ne lui donnerait que des citoyens dignes de la vraie liberté et capables de jouir des immenses avantages de la civilisation.

Mais quels sont les moyens d'affermir ce système dans nos colonies? La religion. Laissez à la religion le soin de préparer, par l'instruction et la civilisation, les esclaves à la liberté; donnez-lui le temps d'accomplir cette grande œuvre, et l'*affranchissement progressif* procurera les résultats les plus heureux pour tous.

Puisse le système de l'*affranchissement progressif* être adopté pour les colonies françaises! et les jours de nos concitoyens d'outre-mer ne seront point détrempés d'amertume, et le gouvernement sera *affranchi* de l'obligation de payer l'indemnité!.....

CHAPITRE QUATRIÈME.

De la proposition de M. Passy sur *l'Affranchissement des enfans à naître* dans les colonies françaises.

Au moment où la France entière réclame les bienfaits de l'humanité, la puissance de la religion et les droits de la justice en faveur non seulement d'un peuple d'esclaves, mais encore de nos belles et riches possessions d'outre-mer, une proposition sur l'*affranchissement des enfans à naître* dans les colonies françaises vient d'être présentée à la Chambre par l'un de ses honorables membres.

Cette proposition, inspirée sans doute par les sentimens d'un cœur généreux et qui veut sincèrement le bonheur de tous, doit être agitée de nouveau. Elle sera discutée, nous l'espérons, avec autant de talent que de dévouement par les vrais amis des noirs, des colonies et de la société.

Pour nous, qui invoquons en faveur de l'esclave une *liberté franche*, *entière*, *puissante* et *bienfaisante* pour lui, pour les colonies et pour la société ; nous qui avons horreur d'une liberté *prématurée* qui lui mettrait à la main le poignard, qui causerait la ruine du maître, celle de nos possessions lointaines, et qui serait funeste à la société ; nous regardons la proposition de l'honorable M. Passy comme ne pouvant réaliser les espérances de l'humanité, de la religion ni de la justice. Cette proposition, que nous considérons spécialement sous le rapport moral, est ainsi conçue :

« Art. 1er. A dater de la promulgation de la présente loi, tout enfant qui naîtra dans les colonies françaises sera libre, quelle que soit la condition de ses parens.

« Art. 2. Les enfans nés de parens esclaves resteront confiés aux soins de leurs mères, et une indemnité annuelle de 50 f. par tête d'enfant sera allouée aux propriétaires des mères pendant dix années consécutives. Cette indemnité cessera d'être payée dans le cas où l'enfant dont la naissance y aura donné droit viendrait à décéder avant d'avoir atteint l'âge de dix ans accomplis.

« Art. 3. Tout esclave aura droit de racheter sa liberté à un prix fixé par des arbitres institués par l'autorité métropolitaine.

« L'indemnité due aux propriétaires pour les enfans nés des mères esclaves, reviendra de droit à celles des mères qui rachèteraient leur liberté.

« Les esclaves mariés ne pourront être séparés en cas de vente, et les maris et femmes qui voudront racheter leur liberté ne paieront que les deux tiers du prix fixé par les arbitres ; le troisième tiers sera payé par l'Etat.

« Art. 4. Des ordonnances royales, dont il sera donné communication aux Chambres dans la session qui en suivra la promulgation, statueront sur les mesures à prendre pour le recensement et la protection des enfans nés de mères esclaves, pour la répartition et le choix des arbitres chargés de régler les conditions des rachats de liberté, pour l'établissement de caisses d'épargnes, et pour tout ce qui concernera l'amélioration du sort des esclaves et l'exécution de la présente loi. »

L'enfant sortir *libre* d'un sein esclave ! Dans la même famille, des frères libres et des frères esclaves ! Des parens qui gémissent encore dans la servitude, élever, nourrir des enfans qui, déjà, se réjouissent de leur liberté! Dans la même case, des chaînes et la liberté! Quel contraste! Dans un tel système, n'y a-t-il pas quelque chose qui répugne à l'humanité et même à la justice?

Ces enfans nés *libres* de parens *esclaves*, que deviendront-ils? Ils seront *confiés* à leurs mères. Mais ces mères esclaves, bien qu'elles soient animées des beaux sentimens qu'inspire la nature aux parens pour leurs enfans, vivent pour la plupart dans l'ignorance la plus effrayante des obligations premières et les plus sacrées; elles aperçoivent à peine la différence qui existe entre le bien et le mal, le vice et la vertu; elles sont dominées par des passions impérieuses qui, souvent, agitent leur cœur depuis l'aurore de la raison jusqu'au tombeau. Or, quels principes de vertu, quels sentimens pourront recevoir des enfans *libres* de telles mères *esclaves?* Cependant, quel esclavage plus affreux qu'une liberté sans mœurs, sans vertu! Assurément, l'honorable M. Passy veut que cet affranchissement soit un principe de bonheur pour l'esclave, de sécurité et de prospérité pour les colonies, enfin, qu'il soit utile à la société; c'est là, nous ne pouvons en douter, le désir qui l'anime. Mais comment le réaliser, ce désir qui est aussi le nôtre?

Quel est celui qui, connaissant le caractère et les passions des esclaves, ne soit convaincu qu'un tel système deviendrait une source de malheurs pour les noirs, de ruine pour les colonies, et qu'il serait funeste à la société?

Où est donc, en effet, l'avantage qu'il procurerait à ces milliers d'enfans affranchis à leur naissance?

Où est donc l'utilité qui en reviendrait au maître? Enfin, quelle garantie de sécurité et de prospérité un tel système procurerait-il à nos possessions d'outre-mer?

Et ces enfans si privilégiés, seront-ils réellement élevés selon les principes d'une vraie liberté, c'est-à-dire, selon les principes de l'honneur et de la vertu? nullement. En suçant le lait de mères esclaves, ils recevront les principes du vice, les sentimens qu'inspire la superstition; ils se familiariseront avec les mœurs, le plus souvent corrompues, de leurs mères à qui ils seront *confiés*, et dont ils suivront aveuglément les volontés et les caprices. Qui sait si un jour ces enfans qui auront été affranchis avec tant de générosité et de précipitation, animés des sentimens que donne la nature aux enfans pour leurs parens, sentimens qui nous portent d'une manière irrésistible à vouloir le bonheur de ceux qui nous ont donné l'être, et pour cela à faire les efforts les plus généreux et les sacrifices les plus grands; qui sait si ces enfans, affligés, irrités à la vue des chaînes qui pèseront encore sur leurs parens, ne voudront pas les briser?... Combien cette nombreuse jeunesse libre deviendrait alors dangereuse pour les maîtres et pour les colonies! Afin de délivrer de l'esclavage les auteurs de ses jours, elle ne se lèverait pas en masse pour massacrer ceux qu'elle regarderait comme les oppresseurs, les tyrans de ses parens; mais elle emploierait le poison et le feu, moyens plus perfides et plus dangereux, qui, en peu de temps, détruiraient la fortune et tout l'avenir du maître, et qui le précipiteraient dans une affreuse indigence. Qu'on ne regarde pas ces craintes comme purement idéales; elles se réaliseraient infailliblement. Qu'il serait facile, en effet, à cette jeunesse libre, de faire usage du poison et de la flamme, étant surtout secondée par des parens qui regarderaient ces moyens comme légitimes, parce qu'ils croiraient devoir leur procurer une liberté qu'ils s'imagineraient leur appartenir!...

Le travail des noirs qui est la cause de la prospérité de nos colonies, ne peut se perpétuer que par la jeunesse. Or, qui inspirerait l'amour du travail à cette multitude d'enfans libres? Qui les y exercerait ? Leurs mères ? Eh ! serait-il possible que ces mères inspirassent à leurs enfans l'amour du travail dont elles ont l'horreur la plus grande, et qu'elles regardent comme la cause de leur esclavage ? Non, l'espérer ce serait se faire illusion. Les maîtres ? Mais quelle autorité pourraient avoir sur des enfans *libres* et *confiés* par la loi à leurs mères, des maîtres *indemnisés?* Si, par un sentiment d'humanité et uniquement pour le bien de ces enfans, ils voulaient les exercer à un faible travail, les mères n'auraient-elles pas le droit de leur dire : la *loi* nous les a *confiés?* Et lorsque ces mères se dispenseront d'aller aux ateliers, ce qui arrivera le plus souvent, afin de prodiguer des soins assidus à leurs enfans, sollicitude et tendresse que commande la nature, et qu'on ne peut condamner, que feront les maîtres ? Sans doute, il ne leur sera pas permis de forcer ces mères à travailler; ils devront donc se résigner à voir leurs ateliers abandonnés par les mères qui seraient obligées, d'après la *loi*, de veiller sur leurs enfans puisqu'ils leur seraient *confiés*.

Mais quelle serait l'indemnité accordée aux maîtres qui, par suite de l'abandon des ateliers par les mères, éprouveraient un tort des plus considérables ? *cinquante francs par an et par tête d'enfant !....*

Voulez-vous avoir une idée des maux dont un tel système d'affranchissement serait la source (1)? Considérez la jeunesse esclave de nos colonies. Ensevelie dans les épaisses ténèbres de l'ignorance la plus profonde qui ôte à l'esprit toute lumière, et au cœur tout sentiment noble et généreux, elle languit sous le joug du vice, n'ayant sous les yeux que de mauvais exemples, et n'entendant que des discours qui, loin de lui inspirer l'horreur du vice, l'amour de la vertu, le goût du travail, ne font que fortifier les funestes penchans qui déjà l'agitent avec tant de violence. Or, que pourraient attendre les colonies et la société de cette jeunesse si l'on ne s'empressait de lui inspirer les sentimens de la vertu et l'amour du travail? Mais affranchir les enfans à naître, ne serait-ce pas vouloir augmenter le nombre déjà bien trop grand de ces esclaves affranchis, dont la liberté ne sera jamais profitable aux colonies ni à la société, puisqu'ils trouvent leur bonheur dans l'oisiveté, le plaisir des passions, et qui n'usent du bienfait de leur liberté que pour vi-

(1) Chose bien digne de remarque dans la proposition, il n'est nullement question de l'instruction à donner à cette multitude d'enfans affranchis dès leur naissance.

vre dans une criminelle et funeste indépendance et mourir dans le désespoir?

Ce système nous paraît aussi contraire aux bonnes mœurs et à la religion. Combien de négresses en effet ne s'abandonneraient pas au libertinage afin d'obtenir le privilège de la loi, et par là même le droit de ne plus travailler? Qu'il serait difficile alors d'inspirer à toutes ces mères des sentimens de vertu et de religion!...

Des ordonnances royales, il est vrai, statueraient sur les mesures à prendre pour le recensement et la protection des enfans nés de mères esclaves; mais ces enfans seraient toujours libres, leurs droits civils et politiques soutenus et garantis par la loi commune à tous les citoyens français ne pourraient être affaiblis, ils n'en demeureraient pas moins confiés à leurs mères. D'ailleurs, ainsi que nous l'avons déjà remarqué, il n'est nullement question du mode d'instruction qui conviendrait aux enfans esclaves affranchis dès leur naissance.

Toutefois, nous devons des actions de grâces à l'honorable M. Passy, qui a rappelé un droit bien sacré de la nature, droit qui n'a cessé d'être violé pendant le trafic à jamais infâme des esclaves africains.

« Art. 3. Les esclaves mariés ne pourront être séparés en cas de vente. »

Nous aimons à le croire, il n'est plus de ces hommes assez injustes, assez inhumains, assez barbares pour briser les liens les plus doux, les plus puissans que forme la nature, que bénit la religion, et qu'aucune loi ne peut rompre.

L'Angleterre, dont un grand nombre admire la philantropie envers les esclaves, reconnaît sans doute aujourd'hui la faute grave et irréparable qu'elle a faite en affranchissant des milliers d'enfans, qui n'useront peut-être de leur liberté que pour leur propre malheur et celui de leurs concitoyens, mais la faute ne viendra pas d'eux seuls.

M. *John Innes* écrivait à lord Glenelg, que, dans la Guyane anglaise, le nombre des enfans affranchis par l'acte d'abolition s'élevait en 1834 à 9,873. « Je me borne, lui écrivait-il, à con« stater le fait que 9,873 enfans sont élevés en « ce moment sans la moindre apparence qu'au« cun d'eux se consacre un jour à la culture « des terres (1). »

Le gouvernement de la Grande-Bretagne voit enfin qu'il aurait dû finir par où il a commencé. A la vérité, de nombreux instituteurs s'efforcent de répandre partout, spécialement parmi la jeunesse, les principes d'humanité, de

(1) *Rapport d'un témoin oculaire*, etc.

justice, d'ordre et de paix ; mais qu'il est difficile de faire oublier à une jeunesse dominée par des passions qui n'ont pas encore connu de frein qu'elle est libre, et de la rendre digne de ce grand bienfait *trop tôt* accordé et qu'elle ne saura jamais apprécier !

Pourquoi l'Angleterre n'a-t-elle pas fait avant de proclamer la liberté ce qu'elle est obligée de faire après l'avoir proclamée, et avec beaucoup plus de peine et bien moins de succès ? Il fallait élever la jeunesse dans l'amour du bien, dans la pratique des vertus sociales et chrétiennes, la convaincre de la nécessité du travail et lui en inspirer le goût, puis l'affranchir. Cette marche que suivra la France, eut été, sans contredit, plus prudente, plus sûre, et selon les principes de l'humanité et de la justice. N'imitons pas en tout la Grande-Bretagne, et avant d'affranchir la jeunesse esclave de nos colonies, qu'elle soit bien instruite de ses devoirs, formée au travail et rendue digne de la liberté.

CHAPITRE CINQUIÈME.

DES CHAMPS D'ASILE.

Fonder dans nos colonies des établissemens ou *Champs d'asile* pour y recevoir la jeunesse esclave, l'élever, l'instruire, la former à la vertu et au travail, en un mot pour la préparer au bienfait de la liberté, serait un moyen facile de procurer à cette même jeunesse un affranchissement utile aux noirs, aux colonies et à la société.

Voulez-vous renouveler une nation, en bannir les crimes, y faire fleurir les vertus et y répandre le goût et l'amour du travail? Que la jeunesse reçoive les mêmes principes, la même instruction, qu'elle soit élevée dans la pratique des vertus sociales et chrétiennes, formée aux bonnes mœurs, exercée au travail, enfin qu'elle soit rendue capable de remplir un jour les devoirs qu'impose la société, et vous aurez atteint votre but; cette nation insensiblement se renouvellera, et la génération actuelle ainsi élevée, transmettra aux générations suivantes les principes d'humanité, de justice, d'ordre, de paix et de bonheur.

De même, voulez-vous renouveler la population noire de nos colonies, affaiblir avec le temps les passions qui la dominent, en bannir les vices odieux, l'affranchir de la superstition? voulez-vous que les noirs se fixent pour toujours dans nos colonies? Donnez à la jeunesse esclave une instruction pure et solide, formez-la aux bonnes mœurs, inspirez-lui l'amour du travail, le désir de la vraie liberté; et insensiblement le renouvellement le plus heureux s'opérera dans la population noire, et la génération actuelle transmettra aux générations à venir les principes d'humanité, de justice, d'ordre, de paix, de bonheur et surtout l'amour du travail. Mais ce ne sera point en laissant livrés à eux-mêmes les enfans des esclaves et soumis aux caprices de leurs parens qu'on pourrait les élever pour l'honneur et la vertu, c'est-à-dire en faire des citoyens vertueux, soumis, laborieux, dévoués aux intérêts des particuliers, à ceux de la mère-patrie, et par là, réaliser les espérances du gouvernement, des colonies et de la société; mais en les réunissant dans des établissemens où, dès l'âge le plus tendre, la jeunesse serait élevée, instruite, formée à des mœurs pures, exercée de bonne heure au travail, conséquemment préparée dignement au bienfait de la liberté.

Persuadés que la puissance et la splendeur des empires, que le bien-être de la société dépendent essentiellement de l'instruction, de l'éducation de la jeunesse, les souverains dévoués aux intérêts de leurs peuples ont toujours soutenu par des dons abondans les établissemens où la jeunesse pût recevoir le bienfait de l'instruction.

Dans notre belle France, de toutes parts s'élèvent des établissemens de cette nature. Sur tous les points du royaume, les salles d'asile se multiplient, et on reconnaît la nécessité de les multiplier encore davantage. On ne veut pas que le peuple demeure dans l'ignorance, parce qu'aujourd'hui il est bien reconnu que l'ignorance des devoirs les plus sacrés est la cause des crimes et la source de tous les malheurs.

Puisse une instruction aussi pure que solide éclairer le peuple, l'éloigner du crime et lui faire pratiquer les vertus dignes d'un peuple *libre* et *civilisé!*

N'y aurait-il donc que la race noire qui serait privée de cet immense bienfait? Non : l'épiderme qui la couvre, l'état de servitude dans laquelle elle vit seront de puissans motifs qui engageront les amis de l'humanité, de la religion et de la vraie liberté à réclamer pour elle les moyens d'instruction et de civilisation les plus efficaces et les plus faciles.

Or, il n'en est pas, ce semble, de plus efficaces ni de plus faciles que les établissemens dont nous parlons et qu'on pourrait nommer *Champs d'asile*.

Réunie dans ces *Champs d'asile*, la jeunesse esclave apprendrait sous l'influence si salutaire de la religion, et dirigée par des prêtres prudens et zélés, les vérités les plus douces, les plus consolantes, comme aussi les plus indispensables. C'est aux premières années de la vie qu'il faut féconder dans l'âme le germe des vertus.

« Entre les institutions nécessaires à tout le « monde, dit M. *Fleury*, le soin de l'âme est le « plus pressant, et il importe plus de *bien con-* « *duire* la volonté que d'*étendre* les connais- « sances. La première étude doit donc être celle « de la nature. Tous les hommes ne sont pas « obligés d'avoir de l'esprit, d'être savans ou « habiles dans les affaires, de réussir dans « quelque profession; mais il n'y a personne, « de quelque sexe, de quelque condition que « ce soit, qui ne soit obligé de bien vivre. Tous « les autres biens sont inutiles sans celui-ci, « puisqu'il en montre l'usage; on n'en a jamais

« assez, et la plupart des gens en ont si peu « que l'on voit bien la difficulté de l'acquérir. « On ne peut donc y travailler de trop bonne « heure, *il faut la commencer dès le berceau.* » Aussi des *frères de l'instruction chrétienne*, ces maîtres vertueux et habiles, s'efforceraient-ils d'inspirer aux enfans esclaves les plus beaux sentimens d'humanité, d'équité, de bienfaisance. Souvent ils leur répéteraient les sublimes paroles du disciple bien-aimé de l'homme-Dieu : *Mes petits enfans, aimez-vous les uns les autres.* Accoutumés dès les premières années de la vie à s'aimer les uns les autres d'un amour sincère et généreux, ils étendraient plus tard à tous les hommes le sentiment de cette charité vivifiante qui est le grand moyen de réunir tous les peuples et d'en faire des peuples de frères.

Ces nombreux enfans réunis, excités d'ailleurs par l'émulation, encouragés par la récompense et retenus par la crainte du châtiment, apprendraient bien plus facilement et plus promptement à devenir de bons chrétiens, des citoyens vertueux, laborieux, sincèrement amis de l'ordre, de la paix, de la justice que s'ils demeuraient sur les habitations, bien qu'ils y eussent les moyens de l'instruction. On connaît l'empire de l'exemple sur l'esprit et sur le cœur de l'enfant. « Dans tous les âges, dit

« l'immortel auteur de *Télémaque* (1), l'exem-
« ple a un pouvoir étonnant sur nous, *dans*
« *l'enfance* il peut tout ; les enfans se plaisent
« fort à imiter, il n'ont point encore d'habi-
« tudes qui leur rendent l'imitation difficile,
« de plus n'étant pas capables de juger par eux-
« mêmes du fond des choses, ils en jugent
« bien plus *par ce qu'ils voient* dans ceux qui
« les proposent, que par les *raisons dont ils les*
« *appuient;* les actions mêmes sont bien plus
« sensibles que les paroles, si donc ils voient
« faire le contraire de ce qu'on leur enseigne,
« ils s'accoutument à regarder la religion
« *comme une belle cérémonie*, et la vertu com-
« me une idée impraticable..... » Or, dans les *Champs d'asile*, ils n'auraient sous les yeux que des exemples propres à les porter au bien, à leur faire aimer et pratiquer les vertus sociales et chrétiennes.

Instruits avec prudence des devoirs qu'impose et des sacrifices qu'exige la liberté dont ils jouiraient un jour, ils regarderaient, devenus libres, comme un devoir sacré de remplir fidèlement les unes et de se soumettre aux autres.

Mais comme ce ne serait point avoir atteint le but indiqué par la religion, qui rappelle sans

(1) *Éducation des Filles*, par Fénelon, ch. VII.

cesse à l'homme qu'il est condamné au travail, ni celui de l'humanité, si l'on se contentait de faire connaître aux esclaves les vertus sociales et chrétiennes, de les porter à les pratiquer, si l'on n'avait soin de leur inspirer avec une vive horreur de l'oisiveté l'amour du travail d'où dépend leur bonheur ; ce serait une obligation rigoureuse de former au travail tous les élèves des *Champs d'asile ;* dans ces établissemens, la jeunesse esclave ferait un *apprentissage* bien moins coûteux et bien plus avantageux que celui qui, en ce moment, se pratique dans les possessions anglaises. Des hommes dévoués aux intérêts des colonies et à ceux de la population noire présideraient aux travaux ; comme la cause principale de la richesse de nos colonies c'est la culture, on les y exercerait avec le plus grand soin ; on formerait aussi dans les ateliers ceux en qui on reconnaîtrait des dispositions pour devenir bons ouvriers.

Qui ne voit que de ces établissemens sortiraient des cultivateurs laborieux, des ouvriers probes, industrieux qui, tous animés de l'amour du travail, rendraient plus tard de grands services aux colonies !

Ces *Champs d'asile*, qui bientôt deviendraient de petites *fermes-modèle*, offriraient aux autres nations un moyen prompt et facile, de former toute une génération esclave aux vertus sociales, de transmettre par elle aux générations à venir les principes d'ordre, de paix, de justice, un moyen de procurer aux esclaves une liberté qui deviendrait pour eux une source de bonheur, une garantie de sécurité et de prospérité pour les contrées où de tels établissemens seraient formés. Ne pourrait-on pas y établir des caisses d'épargne, où le nègre laborieux et économe viendrait déposer le fruit de son travail et de ses économies, et qui fructifierait pour lui ?

Après avoir été formés à la vertu et au travail dans les *Champs d'asile*, et y avoir passé le nombre d'années qui aurait été fixé (1), les enfans en sortiraient *libres*, mais ce ne serait jamais avant la première communion, ils retourneraient auprès de leurs anciens maîtres, au service desquels ils travailleraient pendant *dix ans* non comme *esclaves*, ni comme *apprentis*, mais comme *libres*. Ce temps fini ils pourraient s'engager pour plus ou moins d'années parce que dès lors, ils seraient assimilés aux cultivateurs français, et, comme eux, ils s'engageraient à travailler pour les propriétaires.

(1) Nous laissons à qui il appartient le droit de fixer le temps de l'éducation et de l'apprentissage.

Ce système d'affranchissement, sans avoir les inconvéniens de celui de l'honorable M. Passy, offrirait des avantages réels.

D'abord, les mères persuadées que leurs enfans seraient heureux aux *Champs d'asile*, qu'on les y préparerait au bienfait de la liberté, ne seraient point distraites de leurs occupations par les soins assidus qu'exige l'enfance, mais sans aucune inquiétude sur leur sort, elles se livreraient au travail avec autant de plaisir que d'ardeur. Ce serait pour les maîtres un avantage que détruirait le mode d'affranchissement de l'honorable M. Passy.

Ce système serait aussi un moyen bien efficace, ce semble, pour attacher les esclaves aux habitations et pour les fixer dans nos colonies. En effet, sachant que leurs enfans reviendront un jour au milieu d'eux, qu'ils travailleront avec eux sur les mêmes habitations et au service du même maître, les noirs ne voudront pas abandonner la case que leurs enfans habiteront au sortir des *Champs d'asile*, ni le jardin qu'ils cultiveront lorsque eux-mêmes seront vieux ou infirmes.

Qu'il serait doux pour ces parens que l'âge presse ou que l'infirmité tourmente de penser que leurs enfans, heureux dans les *Champs d'asile*, où ils apprennent à devenir vertueux, bons fils, bons travailleurs, reviendront un jour et peut-être bientôt auprès d'eux pour être leur soutien et leur consolation ! Cette espérance ferait leur joie et leur bonheur.

L'espoir de vivre avec des parens qu'on chérit et dont on est tendrement aimé, serait pour la jeunesse esclave un motif puissant de se bien conduire, de se livrer avec ardeur au travail, d'autant plus que la liberté serait la récompense de la vertu et de l'amour du travail.

Et afin d'exciter l'émulation, une gratification serait solennellement accordée à ceux qui se seraient le plus distingués, par leur bonne conduite, pendant le temps de leur apprentissage.

Les enfans esclaves, devenus libres après leur éducation et leur apprentissage pourront, s'ils le veulent se marier pendant les *dix années* qu'ils auront à passer au service de leurs anciens maîtres ; du moins, pendant ce temps, ils pourront par leur travail et leurs économies se procurer des ressources qui les mettront à l'abri de l'indigence et du malheur, et avec lesquelles ils secoureront la vieillesse et l'infirmité de leurs parens devenus libres. Ce moyen n'est-il pas bien propre à fixer la population noire dans nos colonies?

Les *Champs d'asile* ne seraient point trop onéreux au gouvernement, car le travail des enfans pourrait le dédommager, sinon entièrement, du moins en partie des frais de l'éducation et de l'apprentissage. Les plus âgés travailleraient pour les plus jeunes. Et qui empêcherait d'y entretenir un certain nombre de nègres, bons travailleurs, qui seraient nourris, entretenus et payés par les établissemens?

Il est inutile de dire ici qu'une indemnité devrait être accordée aux colons pour les dédommager du tort qu'ils éprouveraient par l'absence des enfans de leurs esclaves pendant l'apprentissage, car l'esclave étant réellement la propriété des colons, cette propriété n'étant ni criminelle, ni illégale, puisqu'elle a été établie par les lois et que les lois la soutiennent, ce serait l'injustice la plus criante de la leur refuser.

Résumons :

Art. 1er. Des *Champs d'asile* seront établis dans les colonies françaises pour élever la jeunesse esclave, l'instruire, la former à la pratique de la vertu, aux bonnes mœurs et au travail;

Art. 2. Le but de ces établissemens étant *d'abolir l'esclavage sans abolir le travail*, il y aura dans chacun d'eux un terrain assez vaste pour être cultivé et des ateliers pour y former de bons ouvriers;

Art. 3. L'administration des *Champs d'asile* sera composée d'hommes dévoués aux intérêts des colonies et au bonheur des esclaves, ils seront choisis parmi les habitans des colonies.

Art. 4. Le soin de l'instruction de la jeunesse sera confié à des ecclésiastiques qui feront leur résidence aux *Champs d'asile;* ils seront aidés dans les fonctions de leur ministère par les *frères de l'instruction chrétienne.*

Art. 5. les enfans d'esclaves seront reçus aux *Champs d'asile* dès leurs premières années, ils y passeront le temps suffisant pour leur éducation et leur apprentissage, mais ils ne pourront en sortir avant leur première communion.

Art. 6. Leur éducation et leur apprentissage finis, ils seront déclarés *libres.*

Art. 7. Les élèves des *Champs d'asile,* après leur éducation et leur apprentissage, retourneront chez leurs anciens maîtres, au service desquels ils travailleront pendant *dix ans*, non comme esclaves ni comme apprentis, mais comme *libres.*

Art. 8. Une gratification sera accordée à tous ceux qui, pendant le temps de l'apprentissage se seront distingués par leur bonne conduite et par leur ardeur pour le travail.

Art. 9. Ceux dont la conduite n'aura pas été bonne et qui n'auront point montré d'ardeur pour le travail, seront retenus comme esclaves aux *Champs d'asile.*

Art. 10. Des caisses d'épargne seront établies dans les *Champs d'asile.*

Si l'on voulait *affranchir* la jeunesse esclave, le projet des *Champs d'asile*, quoique d'une exécution assurément difficile, serait cependant le moyen le plus efficace de procurer à cette même jeunesse un affranchissement utile aux noirs, aux colonies et à la société.

Nous nous empressons de soumettre ce mode d'affranchissement à la sagesse de ceux qui ont mission pour travailler à la solution du grand problème de l'*abolition de l'esclavage*; à messieurs les délégués de nos colonies, ces hommes expérimentés qui veulent sincèrement le bonheur des noirs et la prospérité de nos belles contrées d'outre-mer, et qui, à un zèle aussi prudent qu'éclairé, joignent une grande connaissance des colonies et du caractère des esclaves; enfin, aux habitans des colonies, à qui il importe surtout de n'admettre qu'un mode d'affranchissement qui favorise tout à la fois les intérêts des noirs, des colons et ceux de la société.

C'est autant contre la justice que contre la vérité que des hommes qui, avec emphase, se disent bons philantropes, montrent à l'opinion publique les colons comme nullement amis des esclaves, ni dévoués aux intérêts des colonies; comme des maîtres qui, afin de réaliser leurs espérances d'intérêt, ne désirent rien tant que de maintenir les noirs dans un long et dur esclavage.

Que désirent, que veulent donc les colons? Les colons désirent et veulent que l'esclave soit affranchi; mais, avant tout, ils veulent qu'il leur soit accordé un temps suffisant pour préparer leurs esclaves à ce grand acte d'humanité et de justice; car ils ne veulent point d'une liberté *prématurée* qui causerait le malheur de leurs esclaves et leur propre ruine. Et qui veut d'une telle liberté, sinon ces théoriciens exaltés, toujours prêts à tout sacrifier pour le triomphe de leurs belles utopies? Les colons désirent et veulent que leurs esclaves soient rendus dignes de la liberté par l'instruction et la religion; ils veulent que le gouvernement fasse des lois qui, en contribuant à maintenir l'esclave dans la soumission et le travail, contribuent aussi à procurer aux maîtres eux-mêmes la sécurité et les moyens de faire prospérer leurs habitations; ils veulent enfin que leur propre existence, le sort des esclaves et la prospérité de nos colonies ne soient plus mis en problème. En cela, ont-ils tort? Qu'on nous réponde. Leurs demandes ne sont-elles pas fondées sur les lois de la plus stricte justice et de la sainte humanité ? Et ces colons, ne veulent-ils pas plus sincèrement le bonheur des noirs et la prospérité de nos possessions d'outre-mer, que ces philantropes au zèle impétueux et imprudent, qui invoquent une liberté dont ils ne calculent pas les conséquences ; qui, peut-être, croient pouvoir s'immortaliser en brisant *généralement* et *immédiatement* les fers de l'esclavage. Sans doute, leurs noms, comme ceux de bien d'autres, pourraient passer à la postérité ; mais, témoin des faits, la postérité n'aurait-elle pas à gémir sur les funestes effets de leur zèle imprudent, de leur philantropie trop ardente ? n'aurait-elle pas à déplorer le malheur des esclaves et la ruine des colonies ?...

Puissent les esclaves, nos *frères*, jouir bientôt des immenses bienfaits que répandent sur les nations l'*instruction morale et religieuse, et le culte de la religion catholique !*..... Puissent nos colonies, ces belles et riches contrées, autrefois l'orgueil de la France, jouir bientôt d'une grande sécurité et d'une grande prospérité !..... Puisse enfin une *liberté franche, entière, puissante et bienfaisante* affranchir les peuples esclaves, briser à tout jamais leurs chaînes, et les rendre heureux !.....

FIN.

TABLE DES MATIÈRES.

CULTE.

AFFRANCHISSEMENT.

FIN DE LA TABLE.

www.ingramcontent.com/pod-product-compliance
Ingram Content Group UK Ltd.
Pitfield, Milton Keynes, MK11 3LW, UK
UKHW022055190726
13855UKWH00002B/498

9 782013 347365